Individualismo e Cultura

Coleção
ANTROPOLOGIA SOCIAL
fundada por Gilberto Velho
dirigida por Karina Kuschnir

- O Riso e o Risível
  Verena Alberti

- Falando da Sociedade
- Outsiders
- Segredos e Truques da Pesquisa
- Truques da Escrita
  Howard S. Becker

- Antropologia Cultural
  Franz Boas

- O Espírito Militar
- Os Militares e a República
  Celso Castro

- Bruxaria, Oráculos e Magia entre os Azande
  E.E. Evans-Pritchard

- Futuros Antropológicos
  Michael M.J. Fischer

- Nova Luz sobre a Antropologia
  Clifford Geertz

- O Cotidiano da Política
  Karina Kuschnir

- Cultura: um Conceito Antropológico
  Roque de Barros Laraia

- Guerra de Orixá
  Yvonne Maggie

- Evolucionismo Cultural
  L.H. Morgan, E.B. Tylor, J.G. Frazer

- A Invenção de Copacabana
- De Olho na Rua
  Julia O'Donnell

- A Teoria Vivida
  Mariza Peirano

- Cultura e Razão Prática
- História e Cultura
- Ilhas de História
- Metáforas Históricas e Realidades Míticas
  Marshall Sahlins

- Antropologia Urbana
- Um Antropólogo na Cidade
- Desvio e Divergência
- Individualismo e Cultura
- Projeto e Metamorfose
- Rio de Janeiro: Cultura, Política e Conflito
- Subjetividade e Sociedade
- A Utopia Urbana
  Gilberto Velho

- Pesquisas Urbanas
  Gilberto Velho e Karina Kuschnir

- O Mistério do Samba
- O Mundo Funk Carioca
  Hermano Vianna

- Sociedade de Esquina
  William Foote Whyte

Gilberto Velho

Individualismo e Cultura

Notas para uma antropologia da sociedade contemporânea

7ª reimpressão

ZAHAR

Jorge Zahar Editor Ltda.
rua Marquês de S. Vicente 99 – 1º | 22451-041 Rio de Janeiro, RJ
tel (21) 2529-4750 | fax (21) 2529-4787
editora@zahar.com.br | www.zahar.com.br

1ª edição: 1981 (Zahar Editores)
2ª edição: 1987
Novo projeto gráfico: 2008
7ª reimpressão da 2ª edição: 2012

Programação visual de capa: Ana Cristina Zahar
Ilustração da capa: reprodução de *La Belle Jardinière*, Paul Klee

CIP-Brasil. Catalogação-na-fonte
Sindicato Nacional dos Editores de Livros, RJ.

Velho, Gilberto
V545i Individualismo e cultura: notas para uma antropologia da so-
2.ed. ciedade contemporânea / Gilberto Velho — 2.ed. — Rio de Janeiro: Zahar, 1997.

(Antropologia social)

ISBN 978-85-7110-010-7

1. Antropologia social. 2. Individualismo. I. Título. II. Série.

CDD: 306
07-4474 CDU: 316.7

Sumário

A Chris Garcia, Dora Flaksman e Vera Machado,
amigas de toda a vida

Introdução

I.

Neste livro pretendo demarcar uma área de pesquisa e reflexão dentro da antropologia contemporânea. Esta tem hoje tantas possibilidades, tornando-se um campo de conhecimento de tal forma rico e complexo, que não é mais possível a figura do generalista capaz de dominá-la em seus vários ramos e tendências. A própria antropologia social, aparentemente uma sub-área, já abriu tantos espaços e produziu uma bibliografia tão vasta que é incomum encontrar profissionais que, por exemplo, se movam com familiaridade do estudo de sociedades indígenas sul-americanas para a problemática do meio urbano com toda a sua diversidade ou mesmo para as discussões sobre campesinato, trabalhadores rurais etc. Creio, no entanto, que permanece como ponto aglutinador e condensador uma problemática teórica, às vezes deixada de lado ou marginalizada. Os nomes podem variar, assim como as ênfases, mas a questão da unidade e continuidade dos sistemas sociais permanece sendo referência central da disciplina. Quer se privilegie o consenso ou o conflito, quer se parta do indivíduo ou da sociedade e/ou cultura, estamos sempre lidando com o dilema da estabilidade e da descontinuidade. Como se estabelecem pactos? Como se efetiva a dominação? De que forma são socializados e incorporados os indivíduos? Como é possível exercer o poder e que padrões de reciprocidade sustentam redes de relações sociais?

Assim, este livro traz uma preocupação teórica de lidar com a questão da construção da realidade, da constituição de universos simbólicos, do problema da cultura propriamente dito. Mas isso se faz a partir de uma experiência etnográfica particular e de uma bibliografia que não corresponde a uma ortodoxia da disciplina, se é que seria possível ser ortodoxo em relação às questões em pauta. Preocupo-me com motivações, relevâncias, projetos, dentro de uma linha fenomenológica *à la* Schutz. Tento vincular essas questões à construção de uma teoria da cultura enquanto rede de significados (*web of meanings*), seguindo, de certa forma, Geertz. Ao mesmo tempo, tenho a preocupação sociológica de distinguir grupos sociais, de vê-los operando e atuando politicamente. Forçosamente sou envolvido e atraído por antigas discussões mas que estão longe de estar esgotadas. De alguma forma, seja através da literatura da Escola de Personalidade e Cultura, seja através de trabalhos da Escola Sociológica Francesa, procuro repensar as noções de indivíduo, sociedade, cultura e suas complexas e múltiplas relações. Sem dúvida a obra de Louis Dumont funciona contemporaneamente como (re)detonadora desse debate e a ela muitas vezes me refiro sem que a veja necessariamente como mais fundamental ou reveladora do que a de outros autores que trabalham em direções diferentes. Mas para as minhas preocupações e idiossincrasias teóricas é referência básica. Finalmente, continua como um dos focos centrais de meu trabalho a relação entre teoria do desvio e acusações. A influência interacionista, especialmente de Howard S. Becker, é óbvia, embora as minhas outras preocupações me levem a procurar inserir essa problemática dentro da perspectiva de uma teoria da cultura. Como se vê, mencionei antropólogos, sociólogos e filósofos. Resta aos leitores decidir se a minha leitura e a tentativa de criar algo de novo a partir dessas diferentes tendências faz algum sentido.

Quero chamar atenção de que sou um pesquisador que tem quase sempre trabalhado em sua própria sociedade. Por isso mesmo tenho algumas preocupações metodológicas específicas que aqui se apresentam, especialmente, no capítulo 9. No meu artigo no livro *O desafio da cidade*[1] elaboro mais certos aspectos da condição de antropólogo estudando seu mundo propriamente dito. Ali exploro os

---

1. Velho, Gilberto (coordenador), *O desafio da cidade* – Novas perspectivas da antropologia brasileira. Rio, Campus, 1980.

movimentos de *interpretação* e *estranhamento* como características de todo trabalho antropológico. Creio que é a partir desta reflexão que insisto em marcar minha identidade de antropólogo, pois, se teoricamente e em termos de carreira sou influenciado por e lido com trabalhos e profissionais de diferentes áreas, procuro manter uma atitude e postura que me parecem expressar o que de melhor tem a antropologia a dar para o desenvolvimento das ciências humanas.

A partir desta intenção de criar um diálogo com outros especialistas, um dos objetivos deste livro é estabelecer pontes com as áreas de conhecimento e trabalho que lidam com a temática *Indivíduo e Cultura*, seja em termos teóricos, seja em termos terapêuticos ou mais pragmáticos. Tenho me beneficiado nos últimos anos de conversas, discussões e participação em congressos com psicólogos, psiquiatras e psicanalistas. Portanto, necessariamente, muitas das questões que discuto estão relacionadas com essa experiência.

II.

O livro está dividido em 11 textos organizados em duas partes. A primeira corresponde a um esforço teórico mais sistemático e a segunda explora algumas questões ou problemas específicos. Boa parte dos textos foi apresentada e discutida em reuniões e congressos, como a Reunião Anual da SBPC, os Encontros da Associação Brasileira de Antropologia e da Associação Nacional dos Programas de Pós-Graduação em Ciências Sociais. Vários tópicos foram explorados em conferências minhas no Brasil e no exterior. Agradeço a todas as pessoas com quem tive a oportunidade de conversar e trocar idéias. Meus agradecimentos especiais às editoras Campus e Paz e Terra e às revistas *Dados* e *Ensaios de Opinião* por autorizarem amigavelmente a inserção neste livro de textos por elas publicados.

Meus débitos intelectuais e afetivos são enormes e diversificados. Gostaria de citar especialmente Ruth Cardoso, Roberto Da Matta, Howard S. Becker e Roberto Cardoso de Oliveira como pessoas que nos últimos anos, com maior ou menor freqüência, têm sido referências importantes. O grau de acordo ou de divergência varia mas a preocupação de manter um debate acadêmico é constante.

Eduardo Batalha Viveiros de Castro, ex-aluno e assistente, atual colega e amigo, tem sido sempre estimulante e imaginativo nas suas observações e indagações.

Ovídio de Abreu Filho, como aluno, assistente e companheiro de trabalho, nos últimos três anos, muito me ajudou com sua competência e sensibilidade.

Agradeço ainda a Luiz Fernando Dias Duarte, Maria Laura Viveiros de Castro Cavalcanti e Myriam Moraes Lins de Barros por sua generosa cooperação em seminários, aulas e trabalho de pesquisa propriamente dito.

O Museu Nacional, o seu Departamento de Antropologia e particularmente o Programa de Pós-Graduação em Antropologia Social, com sua vocação para pesquisa e alto nível acadêmico, deram-me condições de trabalhar com um mínimo de tranqüilidade num período nem sempre plácido. Aos professores Leda Dau, Anthony Seeger e Francisca Keller, respectivamente, diretora, chefe de Departamento e coordenadora do Programa, meus agradecimentos.

Agradeço ainda à Finep e à Fundação Ford o apoio que recebi para desenvolver minhas pesquisas e ter oportunidade de debater com colegas de outros centros os seus impasses e resultados.

Sem o apoio constante e paciente de Beatriz de Azambuja Rodrigues, em termos de datilografia, providências práticas e organização, a elaboração deste livro teria sido muito mais desgastante.

A todas essas pessoas mencionadas e a meus amigos em geral dedico este livro.

GILBERTO VELHO
Janeiro de 1981

PARTE I

capítulo 1 | Projeto, Emoção e Orientação em Sociedades Complexas*

I. A *Natureza das Sociedades Complexas*

O estudo de sociedades complexas traz problemas bastante perturbadores para uma tradição antropológica criada a partir de uma experiência com sociedades de pequena escala e de cultura relativamente homogênea. O primeiro e grave risco metodológico é, ao isolar, por motivos de estratégia de pesquisa, segmentos ou grupos da sociedade, passar a encará-los como unidades *realmente* independentes e autocontidas. Sem dúvida, efetuar cortes dentro de um vasto e complexo universo articulado, pelo menos em certas áreas e domínios, é um movimento intelectual marcantemente diferente de analisar unidades mais óbvias como tribos isoladas. É evidente que depois de décadas de pesquisa etnológica vários autores já demonstraram como essa "naturalidade" do isolamento pode ser ilusória e como grupos aparentemente isolados podem fazer parte, de várias maneiras, de um sistema mais amplo em termos econômicos, políticos e culturais (ver, por exemplo: Malinowski, 1961; Leach, 1967; Evans-Pritchard, 1968; Adams, 1970 etc.). Por outro lado, a própria unidade e/ou homogeneidade de sociedades tribais ou "não-complexas" só pode ser aceita com fortes restrições, fazendo todas as ressalvas

---

* Uma primeira versão deste capítulo foi apresentada num Seminário no Setor de Antropologia da Unicamp. As observações e sugestões ajudaram-me a esclarecer pontos mais confusos e nebulosos. Agradeço a todos os presentes. especialmente aos professores Peter Fry, Mariza Correia e Mário Bick. Ovídio de Abreu Filho, Myriam Moraes Lins e Barros e Eduardo Batalha Viveiros de Castro também contribuíram com comentários e críticas. Finalmente meus agradecimentos ao professor Howard S. Becker por seu estímulo e observações.

quanto ao nível ou dimensão da vida sócio-cultural a que estamos nos referindo e com que outro tipo de sociedade comparamos quando falamos de menor complexidade. Esta, seja em termos sociais ou culturais, no tocante às sociedades tribais de pequena escala, já foi também amplamente revelada e demonstrada por diversos estudiosos (por exemplo: Boas, 1966; Lévi-Strauss, 1958 e 1962; Bateson, 1958). Evidentemente as fronteiras entre uma sociedade "não-complexa" e uma complexa são sempre arbitrárias e problemáticas. Que critérios e variáveis serão determinantes? A divisão social do trabalho atingindo um grau X de especialização? O aparecimento de classes sociais nos termos de Engels? O desenvolvimento da vida urbana? O aparecimento da escrita? O advento do Estado? Algum tipo de desenvolvimento tecnológico *à la* Leslie White? As preferências e ênfases variam na avaliação de qual desses fatos ou variáveis pode ter um papel mais crucial na caracterização de uma sociedade complexa. Sem querer inventar nada de novo ou original gostaria que ficasse claro, quando me referir neste artigo a sociedade complexa que tenho em mente, a noção de uma sociedade na qual a divisão social do trabalho e a distribuição de riquezas delineiam *categorias sociais distinguíveis com continuidade histórica*, sejam classes sociais, estratos, castas. Por outro lado, a noção de complexidade traz também a idéia de uma *heterogeneidade cultural* que deve ser entendida como a coexistência, harmoniosa ou não, de uma pluralidade de tradições cujas bases podem ser ocupacionais, étnicas, religiosas etc. Obviamente existe uma relação entre estas duas dimensões – a divisão social do trabalho e a heterogeneidade cultural. É questão importante a verificar quando e como as diferentes tradições culturais de uma sociedade complexa podem ou devem ter como explicação a divisão social do trabalho. As categorias sociais daí surgidas, quer em termos de sua posição em relação aos meios de produção (por exemplo, proletariado e burguesia), quer em termos estritamente ocupacionais (médicos, carpinteiros, advogados, empregadas domésticas etc.) e que tenham um mínimo de continuidade temporal, tendem a articular suas experiências comuns em torno de certas tradições e valores. O problema, mais uma vez, é verificar o *peso relativo* dessa experiência em confronto com outras como a identidade étnica, a origem regional, a crença religiosa e a ideologia política. Uma questão interessante em antropologia é, justamente, a procura de localizar experiências suficientemente significativas para criar fronteiras simbólicas. Nos estudos de grupos desviantes sempre é um problema crucial perceber se e quando indivíduos que partilham preferências por comportamentos condenados ou discriminados desenvolvem uma identidade comum e solidariedade. Em minhas pesquisas sobre uso de tóxicos em camadas médias altas ficou claro, ao contrário do que se imagina comumente, que muitas vezes a identidade de *grupo de status* baseada em um estilo de vida e prestígio social ligado às famílias de origem era muito mais forte que uma possível solidariedade surgida do uso de tóxicos. Em outros termos o fato de partilhar uma situação de relativa clandestinidade e perigo não fazia com que o jovem oriundo de camada média alta fosse sempre se identificar mais com outro usuário de tóxico, de origem mais modesta, do que com um não-usuário *careta*, mais próximo quanto a sua origem e *background* familiares (Velho, 1975). A gramática e lógica do desempenho de papéis pode ser discrepante dentro de uma subcultura e perfeitamente razoável em outra. Lembro-me de como um antropólogo americano se espantou ao saber que um dos grupos de usuários que eu estudara apresentava uma variação etária entre 12, 13 e até mesmo quase 30 anos, coisa que ele jamais tinha registrado nos EUA. Certamente no caso em pauta havia toda uma outra gama de variáveis que permitia uma aproximação independentemente do mero uso de tóxicos. O fato importante é que estamos lidando com conjuntos de símbolos que vão ser utilizados pelas pessoas nas suas interações e opções cotidianas, num processo criativo ininterrupto havendo alguns mais eficazes e duradouros do que outros. A relação entre o desempenho de papéis e esses conjuntos de símbolos constitui uma questão estratégica para a antropologia social.

II. *A Sociedade Complexa Moderno-Contemporânea*

É preciso, então, uma vez colocado de forma muito geral o que estou entendendo por sociedade complexa, admitir que de qualquer forma continua-se lidando com situações e tipos de sociedade muito heterogêneos. Mais uma distinção torna-se importante –

entre as sociedades complexas tradicionais e as modernas, industriais. A Revolução Industrial, propriamente dita, criou um tipo de sociedade cuja complexidade está fundamentalmente ligada a uma acentuada divisão social do trabalho, a um espantoso aumento da produção e do consumo, à articulação de um mercado mundial e a um rápido e violento processo de crescimento urbano (Hobsbawn, 1975). Quando estiver falando em sociedade complexa industrial moderna estou me referindo ao tipo de sociedade surgida desse processo (ver também Sahlins, 1979). As sociedades complexas industriais modernas abrangem, em princípio, um maior número de indivíduos devido ao desenvolvimento das forças produtivas. O aperfeiçoamento da técnica e da ciência aplicadas à agricultura proporciona maior disponibilidade de alimentos. O desenvolvimento da medicina, o aparecimento da vacina e de outras técnicas baixaram o nível de mortalidade. Com isso a população cresceu em função da modernização e da disseminação desses recursos. Esse aumento do número de pessoas, embora por si só não seja suficiente para distinguir a sociedade complexa moderna industrial de outros tipos de sociedade complexa, é, no entanto, uma característica marcante. A existência de cidades com 10 e 15 milhões de habitantes, por exemplo, só pode ser compreendida dentro do quadro surgido da Revolução Industrial com suas inovações tecnológicas, melhoria do sistema de transportes, volume de recursos e organização da produção. A grande metrópole contemporânea é, portanto, a expressão aguda e nítida desse modo de vida, o *locus*, por excelência, das realizações e traços mais característicos desse novo tipo de sociedade.

Os trabalhos de Simmel e Wirth, entre outros, chamaram atenção para essa especificidade da vida metropolitana, com sua heterogeneidade e variedade de experiências e costumes, contribuindo para a extrema fragmentação e diferenciação de papéis e domínios, dando um contorno particular à *vida psicológica individual.*

III. *Fronteiras Culturais*

Em qualquer sociedade e/ou cultura é possível distinguir áreas ou domínios com um certo grau de especificidade. É importante, no entanto, para o antropólogo verificar como os próprios nativos, indivíduos do universo investigado, percebem e definem tais domínios para não cairmos na armadilha muito comum de impormos nossas classificações a culturas cujos critérios e crenças possam ser inteiramente diferentes dos nossos ou que possam parecer semelhantes em certos contextos para diferirem radicalmente em outros. Isso não significa, obviamente, que o pesquisador só possa analisar uma sociedade a partir do próprio sistema classificatório nativo. As ciências sociais desenvolveram conceitos e instrumentos de trabalho que são usados para comparar diferentes culturas e sociedades. Mas, como estamos preocupados com as categorias nativas, torna-se crucial saber, por exemplo, quando se está falando de *economia*, *política* ou *religião*, se estamos nos referindo a percepções do grupo que estudamos ou a conceitos particulares de nossa cultura, produtos de uma experiência sócio-histórica específica.

Por outro lado, é questão fundamental esclarecer o que entendemos por *outra cultura*. Quando e como podemos fixar os limites entre as diferentes experiências e tradições de grupos determinados? Mais uma vez, essa separação pode ser feita com maior facilidade se em termos físicos e geográficos pudermos, às vezes visualmente, distinguir um grupo de outro. Nem sempre isso é possível e a distância física, espacial, pode ser enganadora, especialmente no mundo contemporâneo (Velho, G., 1978). Outros aspectos, dimensões, traços, podem ser as fronteiras mais significativas – a religião, a identidade étnica, a ideologia política etc. Fundamental para o antropólogo é perceber quais são as distinções importantes para o *nativo* que podem ser surpreendentemente diferentes das de sua cultura de origem.

Esse problema também se coloca e, sob certos aspectos, de forma muito dramática quando se examina internamente uma sociedade complexa. Onde estão a unidade e a descontinuidade? A existência de *tradições diferentes* coloca o problema da comunicação entre os grupos e segmentos delas portadores. Pode-se distinguir a existência de certos *temas*, de determinados *paradigmas culturais* mais significativos e que têm um potencial de difusão e contaminação maior do que outros. Tomando-se como referência qualquer sociedade, poder-se-ia dizer que ela vive permanentemente a contradição entre as *particularizações* de experiências restritas a certos segmentos, categorias, grupos e até indivíduos e a *universalização* de outras experiências que se expressam culturalmente através de conjuntos de símbolos homogeneizadores – paradigmas, temas etc. Na realidade, esse é, por excelência, o problema básico da própria existência do que chamamos de *cultura:* o que pode ser comunicado? Como as experiências podem ser partilhadas? Como a realidade pode ser negociada e quais são os limites para a manipulação de símbolos? Qual o grau de impermeabilidade às mensagens e como se mantêm subculturas? O que significa o desvio, o comportamento desviante enquanto manipulação ou rejeição de normas e regras dominantes? Qual a eficácia potencial da universalização de códigos particulares?

IV. *Classes Sociais e Universo Simbólico*

Entramos então em um problema crucial. Os indivíduos participam diferencialmente de códigos mais restritos ou mais universalizantes. Segundo Basil Bernstein, essa diferença (no caso de sua pesquisa, obviamente – Inglaterra, capitalista etc.) é resultado de relações específicas entre o modo de expressão cognitiva e experiências diferenciadas em função da classe social específica a que pertençam os indivíduos (Bernstein, 1971). O autor distingue a classe média da classe trabalhadora, em termos de contextos socializadores, mostrando que a expressão cognitiva vai ser diferente em função do predomínio nas famílias de uma linguagem formal no primeiro caso e de uma linguagem pública no segundo. Cito, na íntegra, as suas definições que me parecem muito importantes e algo polêmicas:

> O próximo fato a considerar é a maneira pela qual a ordem da comunicação, a modalidade de expressão da língua, modifica a percepção. É necessário distinguir em qualquer comunicação entre expressões não-verbais de significado e expressões verbais de significado. O papel dos gestos, da expressão facial, do movimento de corpo e, em especial, do volume e do tom da voz do falante, serão denominados expressão "imediata" ou direta, enquanto as palavras utilizadas serão denominadas expressão "mediata" ou indireta. O importante é a ênfase colocada

> numa ou noutra modalidade de expressão e a natureza da forma da comunicação verbal. Então, se as palavras utilizadas fazem parte de uma linguagem que contém grande proporção de comandos sucintos, afirmações simples e questões onde o simbolismo é descritível, tangível, concreto, visual e de baixo grau de generalização, onde a ênfase está mais nas implicações emotivas do que nas implicações lógicas, então esta será denominada uma linguagem pública.
>
> O uso da linguagem pela classe média é rico em qualificações pessoais e individuais, e sua forma envolve conjuntos de operações lógicas avançadas; volume, tom e outros meios não-verbais de expressão, apesar de importantes, ficam em segundo plano. É importante compreender que inicialmente, na vida de uma criança de classe média, o fundamental não é o número de palavras ou a extensão do vocabulário, mas o fato de que a criança se torne sensível a uma forma particular de expressão indireta ou mediata, na qual o arranjo sutil de palavras e conexões entre sentenças expresse sentimentos. É essa forma de expressão que a criança originalmente se esforça para alcançar a fim de desfrutar uma relação completa com a mãe, e assim procedendo aprende a responder a uma forma específica de sugestões presentes na linguagem. Devido à importância desse tipo de relação mediata entre a mãe e a criança cria-se uma tensão entre esta e o meio que a circunda, surgindo então a necessidade de verbalizar suas relações de forma pessoal e individual. Portanto, bastante cedo a criança se torna sensível a uma forma de uso da linguagem que é relativamente complexa, a qual, por sua vez, age como uma estrutura dinâmica sobre sua percepção dos objetos. Essa modalidade de uso da linguagem será denominada formal. Foi afirmado anteriormente que a pressão interior a uma estrutura social de classe média para intensificar e verbalizar uma consciência de separação e diferença estimula a importância dos objetos no meio circundante. A receptividade a uma forma particular de estrutura da língua determina a maneira como são construídas as relações com os objetos e a orientação para uma manipulação própria das palavras (Bernstein, *op. cit.*, p.28-9).

Há muitos problemas na colocação do autor. Não pretendo resolvê-los mas convém mencionar o risco envolvido de cair em uma espécie de "fatalismo sociológico" que faria que, uma vez um indivíduo nascesse na classe média ou na classe trabalhadora, seu desenvolvimento emocional e intelectual estaria definido e marcado. As próprias noções de classe média e trabalhadora são excessivamente vagas e podem escamotear diferenças internas consideráveis como, por exemplo, o tipo de trajetória social (Bourdieu, 1974) ou a natureza da rede de relações sociais (*network*) em que se movem os indivíduos, mais ou menos aberta (Bott, 1971). Ora, a experiência de mobilidade social, a ascensão ou descenso introduz variáveis significativas na experiência existencial seja de pessoas oriundas da classe trabalhadora ou da classe média que são forçosamente diferentes de uma situação de estabilidade e permanência. Por outro lado, o contato com outros grupos e círculos pode afetar vigorosamente a visão de mundo e estilo de vida de indivíduos situados em uma classe socioeconômica particular, estabelecendo diferenças internas. A interação com redes de relações mais amplas e diversificadas afeta o desempenho dos papéis sociais. Questão importante também a ser considerada é a própria noção de socialização. Se esta for encarada como um processo contínuo que atravessa a vida adulta, ligado a vários tipos de experiência existencial como casamento, carreira etc., pode-se duvidar ainda mais de um determinismo de classe de origem (Becker, 1970). Há que lembrar ainda toda a problemática da comunicação de massa que, sem cair em exageros, tem algum efeito de difusão de informações e hábitos. De qualquer forma não há dúvida de que Bernstein coloca um problema central para o estudo das sociedades complexas – a descontinuidades sociológicas correspondem diferenças no uso da linguagem e na expressão cognitiva.

Admitindo-se que Bernstein possa cair num certo "fixismo" classista e que, portanto, possa ser discutível o peso que dá às diferenças de classe na constituição de um universo simbólico e da expressão cognitiva, é importante para a nossa discussão perceber a relação entre *emoção* e *expressão da emoção* através de uma linguagem mais ou menos *universalizante*. O peso específico da origem da classe neste processo precisa ser verificado e pesquisado em confronto com outras dimensões da vida social. Em termos mais gerais, trata-se de colocar o problema de como os indivíduos expressam suas emoções e sentimentos através da linguagem verbal. Há várias questões associadas. Uma é sobre a capacidade desenvolvida e/ou valorizada de dizer, comunicar, através de palavras e frases, o que está sendo sentido. Indissoluvelmente ligado a isso é saber a quem que é transmitida a informação. Em termos de uma análise de cultura há que delimitar campos de comunicação que serão maiores ou menores em função do grau de universalização da linguagem utilizada. Por exemplo, o que significa a frase "Estou deprimido" para diferentes segmentos da sociedade brasileira? A noção de *depressão*, embora não seja exclusiva, está muito vinculada a um tipo de camada média urbana relativamente intelectualizada e bastante "psicologizada". Isso não significa, obviamente, que indivíduos de outras categorias sociais não fiquem deprimidos, mas sim que existem trajetórias e experiências sociais mais ou menos delimitadas socialmente que produzem universos que utilizam com mais freqüência ou elaboram certas expressões, frases, cujo sentido está fortemente vinculado e marcado por essas fronteiras sociológicas. Ou seja, a expressão *estar deprimido* pode não fazer sentido para certas categorias sociais que têm seus universos simbólicos e representações mais apoiados em outros tipos de linguagem e em outros domínios culturais. Já se alguém fala que está deprimido em um bar do Leblon há um entendimento básico imediato. *Doença de nervos* é uma expressão usada em camadas de renda mais baixa que cobre uma grande variedade e diferentes estados emocionais, sob o prisma de camadas médias intelectualizadas e "psicologizadas". Nesse universo, a pessoa pode estar deprimida, neurótica, rejeitada, obcecada, paranóica, descontrolada, instável, louca, com mania de perseguição, pirada, em crise, angustiada etc. Isso não exclui que o mesmo universo que possa ter um vocabulário relativamente pobre quanto à descrição de estados emocionais possa, por outro lado, expressar-se verbalmente com muita riqueza em relação a outros temas como trabalho, sexualidade, esporte, samba etc. Assim, ao lado da questão de Bernstein referente a usos de linguagem mais ou menos universalizantes, há que perceber quais são, dentro dos diferentes segmentos de uma sociedade complexa, os *temas* valorizados, as escalas de valores particulares, as vivências e preocupações cruciais. Isso não elimina a constatação de Bernstein de que os desempenhos na aprendizagem variam em função de um prévio adestramento na utilização de uma linguagem verbal e de que as classes trabalhadoras revelam maiores dificuldades. Em outro nível é a mesma coisa que Bourdieu diz ao mostrar a reprodução das elites através de um domínio de um código cultural específico de que estão excluídas total ou parcialmente as camadas menos privilegiadas (Bourdieu, 1964).

Voltando às emoções, obviamente não se está dizendo que as elites se emocionam mais que o povo, mas sim que para elas a *emoção*, assim como toda a experiência individual, a biografia, constituem preocupações e temas centrais, desenvolvendo portanto todo um vocabulário e um discurso cheios de matizes e meios-tons. Dorith Schneider, tomando um caso-limite – o dos alunos excepcionais –, comenta, comparando:

> Quanto ao que se refere aos AEs, mostrarei na seção seguinte que são desviantes, porque o rótulo do desvio foi, com sucesso, a eles sobreposto. Que assim são as coisas, talvez já tenha sido demonstrado, pelo fato de que na maioria das escolas privadas (freqüentadas por crianças das classes média e alta, em contraposição às escolas primárias públicas) não há AEs. Quero ser mais específica: não é que alguma lei especial da natureza tenha abençoado as classes superiores com uma prole mais inteligente. Crianças cujo aprendizado é lento são, é claro, encontradas em todas as classes. Mas quando uma criança de classe média se atrasa na escola, os pais agem imediatamente, isto é, pagam aulas particulares, consultam um psicanalista etc. Tanto a escola quanto os pais tentam "compreender". Descreve-se a criança como "apenas" provável portadora de distúrbios emocionais. Nenhuma categoria especial é criada na escola e nenhum estigma é sobreposto a tomar aulas particulares ou a consultar um analista. O desvio não é institucionalizado. Portanto, não se encontrarão, oficialmente, crianças de aprendizado lento (AEs) nas escolas privadas; não tendo sido como tal definidas, não existem, portanto, sociologicamente falando. (Schneider, 1974).

Os alunos de camadas de renda mais baixa têm não só, em princípio, maiores dificuldades para obter um desempenho satisfatório, como não dispõem dos recursos e apoios que os de camada mais altas têm fora da escola. Não se trata apenas da dimensão material propriamente dita mas da própria importância relativa do *desempenho individual* em famílias pobres. Não só pode ser diferente mas o seu contexto de avaliação, em princípio, vai diferir. Para uma família que vive em situação de penúria pode ser relativamente pouco importante a reprovação do filho na escola comparada com sua necessidade de dispor de mão-de-obra para atender às necessidades mais elementares de sobrevivência. Já num contexto de camada média com projeto de ascensão social o fraco rendimento escolar de um filho é vivido como uma real ameaça a sua própria identidade (ver Velho, 1976). Nesse ponto coloca-se a questão de saber até que ponto *projetos individuais* são reconhecidos como legítimos e "naturais". Sob uma perspectiva de camada média intelectualizada nada mais "natural" do que a idéia de que cada indivíduo tem um conjunto de potencial idades peculiar que constitui sua marca própria e que a sua história (biografia) é a atualização mais ou menos bem-sucedida daquelas. Sem dúvida isso não significa que não exista a problemática da individualidade nas camadas proletárias, por exemplo. Mais uma vez trata-se de uma questão de dominância e contexto. Enquanto em certas culturas ou subculturas o indivíduo é o foco ideológico central, isso não acontece em outras em função de peculiaridades econômicas, políticas e simbólicas. Ora, tenho plena consciência dos riscos desse tipo de colocação. Uma das grandes conquistas das ciências sociais foi o humanismo antropológico anti-racista, que retomava de certa forma o discurso iluminista ao enfatizar o valor das especificidades de cada cultura, procurando descobrir por detrás delas um ser humano universal. Trata-se de buscar a igualdade na diversidade. No entanto, pode-se ir mais longe na busca de conseqüências dos dados e análises antropológicas mais recentes.

V. *Indivíduo, Individualismo e Projeto*

Afinal de contas essa tem sido a problemática central da obra de Louis Dumont. Ao estudar a Índia e compará-la com o Ocidente moderno, mostrou como na cultura hindu a idéia de indivíduo é subordinada à de *todo* e à de *hierarquia*. Ao estudar diretamente o Ocidente, examinou a gênese da noção de indivíduo enquanto categoria dominante, acompanhando o desenvolvimento desse conjunto de idéias especialmente a partir dos séculos XVII e XVIII (Dumont, 1977). Um problema central na obra de Dumont é o alto nível de generalidade e abstração com que trabalha. Por isso mesmo é capaz de recuperar uma *antropologia comparada*, ao nível de culturas e civilizações. Mas, quando a pesquisa e a investigação se aproximam de conjunturas históricas específicas e do *nível etnográfico propriamente dito*, há que tomar cuidado para não utilizarmos canhões para enfrentar passarinhos. Dumont, por exemplo, situa a Idade Média ocidental como uma cultura em que a religião era o elemento ordenador e totalizador de uma visão de mundo hierarquizada em que os agentes empíricos (indivíduos biológicos) estavam enquadrados em categorias sociais mais amplas, as *ordines*, por exemplo. A noção de indivíduo como a conhecemos contemporaneamente seria inteiramente subordinada. A vôo de pássaro, num nível de generalização bastante elevado, creio que Dumont aponta com precisão importantes diferenças culturais na história do Ocidente. Mas, quando a investigação se aproxima de conjunturas ou situações mais limitadas, há que primeiramente relativizar essas afirmações. A religião como totalidade pode ser problematizada a partir dos movimentos heréticos, constantes e numerosos durante quase toda a Idade Média. Ainda assim, poder-se-ia alegar que, com a heresia, permanece-se ao nível de uma *linguagem religiosa* e que os campos político, econômico, permaneceriam inseridos no religioso e a individualidade subordinada a uma hierarquia e cosmologia religiosas (*Hérésies et sociétés*, 1968). Mas, no século XII já surgem situações que, pelo menos, complexificam essa discussão. Nesse período aparece com nitidez um conflito entre o campo religioso e o político propriamente dito. A luta entre Frederico II e o Império contra o Papado, as lutas entre guelfos e gibelinos expressam com nitidez o choque não apenas entre diferentes concepções religiosas mas entre campos ou domínios distintos. Não se esgotam ao nível de conflito entre instituições mas também entre visões de mundo e linguagens altamente diferenciadas (Davis, 1968). Outro exemplo do século XII, estudado por Victor Turner, é o choque entre Henrique Plantageneta e Thomas Becket, em que as razões de Estado e uma visão de mundo religiosa se configuram conflitantes, provocando violenta cisão ao nível das elites dirigentes (Turner, 1974). Quanto à relação entre indivíduo e hierarquia pode-se mencionar o movimento intelectual dos Goliardos, que, na falta de melhor classificação, poder-se-ia denominar "anarquista", denunciando as normas e convenções da época, exaltando a carne e a sensualidade em detrimento de uma espiritualidade cavalheiresca, recusando a hierarquia e valorizando a experiência individual (Le Goff, 1973). O episódio de Abelardo e Heloísa também é do século XII, constituindo-se num dos pilares de sustentação do paradigma do amor entre homem e mulher, desafiando costumes, convenções e interesses, anunciando o *Romeu e Julieta* de Shakespeare do século XVI. Como mostram Viveiros de Castro e Araújo, a noção de amor está indissoluvelmente ligada à noção de indivíduo, onde a escolha, opção fora dos ou contra os grupos e categorias sociais é fundamental (Viveiros de Castro e Araújo, 1977). Essa tendência vai encontrar plena expressão nos ideais românticos do século XIX, na literatura, música etc. A noção de que os indivíduos escolhem ou podem escolher é a base, o ponto de partida para se pensar em *projeto*. Portanto, sempre tendo como referências as obras de Dumont e Mauss (Mauss, 1968), há que reconhecer que, mesmo nas culturas mais "totalizadas" ou organizadas em termos de hierarquia, há a possibilidade de individualização como no caso dos renunciantes na Índia (Dumont, 1970, especialmente cap. IX). Há vários exemplos históricos também de como sociedades tradicionais em que as coisas e pessoas pareciam estar no lugar certo e adequado podem modificar-se com verdadeiras comoções, sob o estímulo de incidentes aparentemente banais. Esses que muitas vezes parecem ser de origem externa podem servir para explicitar e botar a nu graves tensões existentes na ordem e hierarquias tradicionais. Os movimentos messiânicos podem ser os veículos desse tipo de fenômeno. Os profetas e líderes messiânicos aparecem como tendo *experiências individualizadoras radicais*, como mostra Philip Kuhn no caso da rebelião Taiping (Kuhn, 1977). Exemplos semelhantes podem ser encontrados no Brasil nos casos de Canudos e Contestado (ver, entre outros, Vinhas de Queirós, 1966). Por outro lado, também nas modernas sociedades industriais individualistas encontram-se dimensões e instâncias desindividualizadoras. Sem contar a religião que permanece como possibilidade para amplas camadas sociais, embora tenha perdido sua dominância em relação à Idade Média, há outras alternativas de *desindividualização* através da carreira, da participação em certas instituições, da própria família. Ou seja, a multiplicidade de instituições da sociedade complexa contemporânea conduz esquematicamente a duas alternativas básicas. A individualização radical pode surgir exatamente da necessidade de o agente empírico ser obrigado a mover-se e manipular instituições, dimensões e "mundos" diferentes e possivelmente contraditórios (Simmel, 1967 e Becker, 1977). Outra possibilidade, diante da angústia da opção e do desmapeamento é o mergulho em um desses mundos cujos estereótipos podem ser o "cientista louco", o "burocrata ritualista", a "beata", a "mãe de família", embora, como se verá adiante, possa ser uma alternativa particularmente frágil em certos momentos. É claro que mesmo nesses casos a desindividualização não deixa de ser, em algum nível, uma *solução individual*, embora existam subculturas em que, sendo a desindividualização a regra, pouca margem possa haver para escolhas diferentes. Em toda sociedade existe, em princípio, a possibilidade da individualização. Em algumas será mais valorizada e incentivada do que em outras. De qualquer forma o processo de individualização não se dá fora de normas e padrões por mais que a liberdade individual possa ser valorizada. Quando vai de encontro às fronteiras simbólicas de determinado universo cultural – ou as ultrapassa –, ter-se-á então, provavelmente, uma situação de *desvio* com acusações e, em certos casos, estigmatização (Becker, 1966 e Velho, 1971). Ou seja, há regras para a individualização, mais ou menos explícitas. Em grande parte das sociedades tribais, das tradicionais e das complexas tradicionais o agente empírico é basicamente valorizado enquanto parte de um todo – linhagem, família, clã etc, –, não se constituindo na unidade significativa. A sociedade de castas hindu, estudada por Dumont, seria o caso clássico. Mas, como foi exemplificado com a Europa do século XII, isso só pode ser entendido como tendência, em certas situações – dominância, mas nunca como uma anulação ou exclusão da individualidade em qualquer contexto. Os rituais são, de certa maneira, um mecanismo para tentar lidar com a permanente ambigüidade de fragmentação individual e totalização social (ver, entre outros, Van Gennep, 1969, Turner, 1969 e Da Matta, 1973 e 1977). Nada talvez expresse isso melhor do que o processo de nominação em nossa sociedade ocidental, individualista. João da Silva ou Mary Smith indicam um prenome individualizante e um sobrenome que inclui o indivíduo em uma categoria mais ampla, no caso, a família. É claro que mesmo o prenome não é inteiramente individualizante, pois pode ser homenagem a um pai, a um avô, a um padrinho etc. De qualquer forma, trata-se de um compromisso entre a individualização e a inserção em categorias mais amplas. A manipulação do nome, o nome "artístico", a supressão de sobrenomes, os apelidos etc., são formas de enfatizar ou marcar a individualidade, de sublinhar a particularidade. Por outro lado, a pergunta ainda muito comum em certos segmentos da sociedade brasileira – "Qual é a sua família?", "De que família você é?", "É de boa família?" – são formas de mapear, situando o agente empírico dentro de uma categoria mais ampla e significativa.

VI. *Projeto e Campo de Possibilidades*

Logo, a possibilidade da existência de *projetos individuais* está vinculada a como, em contextos sócio-culturais específicos, se lida com a ambigüidade fragmentação–totalização. Quando, como e até onde são legitimados *projetos específicos individuais* são perguntas fundamentais para possibilitar um diálogo entre cientistas sociais e psicólogos, psicanalistas etc. Ou seja, se o indivíduo é tomado como dado da natureza, unidade real, nada mais lógico do que pressupor a possibilidade de projetos individuais. Já se o indivíduo é percebido como tendo uma dimensão fabricada culturalmente, que é acrescentada ao agente empírico (unidade biológica), há que relativizar a noção de *projeto individual.* É evidente que, nos termos de Schutz, havendo agentes empíricos há *conduta* desde que esta não pressupõe um *projeto.* Quando há ação com algum *objetivo predeterminado* ter-se-á o *projeto* (Schutz, 1971).

Procurando juntar a problemática de Dumont com a de Schutz, pode-se perguntar quem é o *sujeito* do projeto. É claro que, até nas sociedades em que o indivíduo enquanto construção cultural é desenfatizado, o agente empírico em algum nível toma *decisões* e *age com objetivos predeterminados*. Mas, como se pode ver em Bernstein (*op. cit.*), mesmo dentro de uma sociedade específica – no caso, em função da classe social –, pode haver forte variação quanto à ênfase e preocupação que é dedicada às peculiaridades, gostos, preferências, traços particulares dos agentes empíricos. Isso se associa não só a uma *visão de mundo* (ou um *eidos*) em que a noção de biografia é central, com uma concepção de tempo bastante definida mas também a um ethos, um *estilo de vida*, uma *organização das emoções* (ver Bateson, 1958 e Geertz, 1978) em que a experiência do agente empírico sacralizada como individual é foco e referência básica. Coloca-se como problema a relação entre projetos individuais e os círculos sociais em que o agente se inclui ou participa. A idéia central é que, primeiramente, reconhece-se não existir um projeto individual "puro", sem referência ao outro ou ao social. Os projetos são elaborados e construídos em função de experiências sócio-culturais, de um código, de vivências e interações interpretadas. Mas como se identifica um projeto? É claro que se podem deduzir as razões da conduta dos indivíduos, interpretar suas ações e especular sobre suas motivações. O problema é saber se o resultado obtido corresponde ao que os indivíduos, em pauta, realmente *projetaram*. Também é verdade que sempre haverá um *gap* entre uma ação que pode ser observada e descrita, registrada, e o que se passou ou passa na mente dos atores. Por mais precário que possa ser o método, é a verbalização, através de um discurso, que pode fornecer as indicações mais precisas sobre projetos individuais. Volta-se a Bernstein para refletir sobre a relação entre tipo de linguagem, mapas cognitivos e desempenho de papéis. Estabelece-se uma diferença entre projetos verbalizados e não-verbalizados. É essencial frisar o caráter *consciente* do processo de projetar e que vai diferenciá-lo de outros processos determinantes ou condicionadores da ação que não sejam conscientes. Coloca-se o problema da reflexão e explicação que o sujeito faz sobre a sua ação e conduta. Se a ação se encerrou num *ato*, processo acabado, ter-se-á uma explicação referida a um tempo passado. A lógica da ação surge revelada explicitamente com ela já acabada. Num outro extremo, ter-se-ia a declaração de intenções do sujeito *antes* da ação, esta estando portanto no tempo futuro. A outra possibilidade é a explicação dada pelo sujeito *enquanto* ele age, paralelamente, no tempo presente.

De qualquer forma, o projeto não é um fenômeno puramente interno, subjetivo. Formula-se e é elaborado dentro de um *campo de possibilidades*, circunscrito histórica e culturalmente, tanto em termos da própria noção de indivíduo como dos temas, prioridades e paradigmas culturais existentes. Em qualquer cultura há um repertório limitado de preocupações e problemas centrais ou dominantes. Há uma linguagem, um código através dos quais os projetos podem ser verbalizados com maior ou menor potencial de comunicação. Portanto, insistindo, o projeto é algo que pode ser comunicado. A própria condição de sua existência é a *possibilidade de comunicação*. Não é, nem pode ser fenômeno puramente subjetivo. Há, sem dúvida, uma relação entre projeto e fantasias que não pretendo explorar aqui, mas o projeto para existir precisa expressar-se através de uma linguagem que visa o outro, é potencialmente público. Sua matéria-prima é cultural e, em alguma medida, tem de "fazer sentido, num processo de interação com os contemporâneos, mesmo que seja rejeitado (ver, por exemplo, Goffman, 1978). Outra idéia importante é a de que os projetos mudam, um pode ser substituído por outro, podem-se transformar. O "mundo" dos projetos é essencialmente dinâmico, na medida em que os atores têm uma biografia, isto é, vivem no tempo e na sociedade, ou seja, sujeitos à ação de outros atores e às mudanças sócio-históricas. Diz Schutz:

> *At any rate, there is such a selection of things and aspects of things relevant to me at any given moment, whereas orher things and other aspects are for the time being of no concern* to *me or even out of view. All this is biographically determined, that is, the actor's actual situation has its history; it is the sedimentation of all his previous subjective experiences. They are not experienced by the actor as being anonymous but as unique and subjectively given to him and him alone* (Schutz, *op. cit.*, p. 77).

Essa experiência da originalidade da experiência individual constitui um dos pontos centrais da relação entre ciências sociais e ciências do comportamento individual. Por mais que seja possível explicar sociologicamente as variáveis que se articulam e atuam sobre biografias específicas, há sempre algo irredutível, não devido necessariamente a uma essência individual mas sim a uma combinação única de fatores psicológicos, sociais, históricos, impossível de ser repetida *ipsis litteris*. Mas, mesmo que o ator viva a sua experiência como única, ele de alguma forma reconhece-se nos outros através de semelhanças e coincidências. Em certas culturas e/ou subculturas toda a atenção será dada às diferenças, enquanto em outras o foco privilegiado será a semelhança. Umas serão mais individualistas do que outras, na medida em que a unidade significativa de experiência for o indivíduo particular e idiossincrático, com suas peculiaridades sublinhadas.

Por outro lado, a racionalidade de um projeto é relativa desde que se alimenta de determinadas experiências culturais. Sua maior ou menor eficácia está, basicamente, circunscrita a determinado quadro sócio-histórico. O projeto, enquanto conjunto de idéias, e a conduta estão sempre referidos a outros projetos e condutas localizáveis no tempo e no espaço. Por isso é fundamental entender a natureza e o grau maior ou menor de abertura ou fechamento das redes sociais em que se movem os atores. Posso me inspirar em algum varão de Plutarco, mas tenho de levar basicamente em conta os meus contemporâneos com quem terei de lidar para procurar atingir meus objetivos. Serão aliados, inimigos ou indiferentes, mas serão seus projetos e condutas que darão os limites dos meus. Uns serão mais importantes do que outros, mais relevantes e significativos. Por mais esotérico e particular que seja, um projeto tem de se basear em um nível de racionalidade cotidiana em que expectativas mínimas sejam cumpridas.

As minhas emoções estão ligadas, são matéria-prima e, de certa forma, constituem o meu projeto. Há sentimentos e emoções valorizados, tolerados ou condenados dentro de um grupo, de uma sociedade. Há, portanto, maiores ou menores possibilidades de viabilizá-los, efetivá-los. Desejos "pecaminosos", emoções "inconvenientes", sentimentos "impróprios" são limitados e balizados pelas sanções e normas vigentes ou dominantes. Os padrões de normalidade legitimarão ou não dentro de uma situação particular as condutas e ações individuais. Um código ético-moral definirá o errado, inadequado, incestuoso, impróprio, sujo, poluído, perigoso que possa haver nos corações e mentes dos homens e nas suas condutas e interações. Assim, uma sociologia dos projetos tem de ser, em alguma medida, sociologia das emoções. Os antropólogos lidam constantemente com essa problemática. A área dos estudos de religião e rituais é um bom exemplo. Victor Turner coloca claramente em seus trabalhos a questão das crises individuais na análise de rituais (Turner, 1969). Estudando, entre nós, a umbanda e o pentescostalismo, Fry e Howe dizem: "Sofrimento e aflição são genéricos a todas as sociedades e cada sociedade desenvolve formas institucionais para seu controle e resolução" (Fry e Howe, 1973). Sem querer entrar fundo em questões filosóficas sobre as motivações do comportamento humano, há um razoável consenso em torno do fato de que em toda sociedade os indivíduos procuram controlar o sofrimento físico e psicológico, ou reduzindo-o a um mínimo suportável (que obviamente variará) ou enquadrando-o dentro de modelos e paradigmas que o justifiquem ou mesmo expliquem. Sem dúvida, os dois movimentos são, em princípio, complementares ou até duas facetas do mesmo fenômeno. Isso não impede que indivíduos, em certos contextos, procurem o sofrimento, como se pode ver, por exemplo, na hagiologia cristã, nas histórias dos santos mártires ou nas privações do ascetismo oriental. Nesses casos, a procura de determinado tipo de dor, física ou psicológica, ou até a morte, estará dentro de paradigmas legitimizadores (ver, por exemplo, Turner, 1974). Ou seja, a sobrevivência individual não é necessariamente um objetivo dentro de qualquer projeto. Desde que todos os indivíduos, em alguma medida, se emocionam, resta a pergunta: em torno de que é despertada a emoção? Aí volta-se a toda problemática da ênfase maior ou menor na biografia, colocando-se a questão de os acidentes e incidentes da vida de um ator constituírem ou não o *locus* privilegiado da vida emocional. Pode-se argumentar que são tipos de emoção diferentes e que a pessoa que chora pela mulher amada pode também desesperar-se com a ascensão do fascismo, ou com a derrota de uma greve em outro país. Mas sabemos como ideários políticos, sistemas filosóficos ou crenças religiosas se diferenciam em função do valor que dão à experiência individual, podendo sacralizá-la como única, insubstituível e verdadeira, ou encará-la como fugaz, insignificante e irrelevante.

VII. *Papéis Sociais, Redes de Relações e Experiência Cultural*

O projeto, sendo consciente, envolve algum tipo de cálculo e planejamento, não do tipo *homo oeconomicus*, mas alguma noção, culturalmente situada, de riscos e perdas quer em termos estritamente individuais, quer em termos grupais. Não há parâmetros universais para medir isso. O relativismo cultural permite, potencialmente, contextualizar os valores envolvidos em função de experiências sócio-históricas particulares. A racionalidade da conduta dos beatos de Canudos ou do Contestado não podia ser avaliada a partir do ponto de vista dos bacharéis da República Velha. Fanatismo e ignorância são os rótulos normalmente usados pelas elites dominantes para designar as condutas e valores dos grupos que elas oprimem, não compreendem e, em poucos casos, querem compreender, por motivos óbvios. Daí também a grande dificuldade contemporânea de psicanalistas e psiquiatras lidarem com indivíduos de classes e subculturas diferentes da sua, portadora de um saber oficial. Por mais que pretenda ser ciência universal com padrões objetivos de identificação de doenças, perturbações, psicoses, neuroses etc., esse campo do conhecimento está inevitavelmente marcado e balizado culturalmente. Suas referências, seus padrões de normalidade, sua avaliação de trajetórias e bem-estar pessoal estão inseridos em uma visão de mundo comprometida com certas idéias de eficiência, produtividade, associadas ao que se denomina *individualismo burguês*, por mais problemático que possa ser este rótulo. Está ligado a um triunfalismo cientificista com forte sabor evolucionista. É claro que há muitas escolas e um sem-número de divergências entre psicólogos, psicanalistas etc. e que colocar tudo no mesmo saco envolve o risco de excessiva simplificação. Mas, em geral, a definição de realidade com que trabalham os terapeutas é bastante arbitrária, restrita e pouco sensível à diversidade das experiências sócio-culturais. Mesmo quando pretendem estar fazendo uma psicologia social ou revelam preocupações com fatores culturais, lidam quase sempre com essas dimensões como fatores residuais ou, no máximo, complementares. No caso brasileiro isso vai manifestar-se com toda a agudez no relacionamento com outras classes sociais, especialmente com as camadas de baixa renda onde as religiões de possessão e outros sistemas de crenças "exóticos", ligados a diferentes visões de mundo e ethos constituem barreiras muitas vezes intransponíveis. Encontramos vários tipos de atitude frente a essas outras experiências culturais, desde um autoritarismo sem máscaras até formas mais sutis de paternalismo e manipulação. Em raras ocasiões o respeito vai além de uma certa simpatia folclorizante em que se admite que certas práticas médico-religiosas "podem até ter certa eficácia". Na realidade não sei se é possível ser médico, psicólogo ou psicanalista e, ao mesmo tempo, tentar ter uma visão de dentro de outros códigos ou subculturas. Talvez sejam coisas incompatíveis. De qualquer maneira, fica claro para o antropólogo como certas premissas e categorias com que trabalham os terapeutas são assimiladas de forma profunda e inultrapassável. A incompatibilidade se revela ao nível da prática profissional propriamente dita, o que não exclui que muitos médicos e outros profissionais liberais, em diferentes contextos, acreditem em práticas mágicas, mau-olhado, azar, fantasmas etc. Podem, mesmo, freqüentar terreiros e centros na procura de resolução de seus problemas pessoais. Seria interessante pesquisar como, ao nível de projeto, indivíduos que exerçam ocupações e profissões "racionalistas" vivem esse outro lado "irracional", "místico". Talvez fosse possível chegar a uma tipologia de profissionais liberais mais ou menos bem-sucedidos, bem "integrados", e procurar relacioná-los em termos de *commitment*, adesão, comprometimento com sistemas de crenças populares. Na realidade, esse é um ponto essencial no estudo das sociedades complexas, especialmente no caso das modernas industriais. A diversidade e a fragmentação de papéis, em contraste com as sociedades simples de pequena escala, introduzem uma variável fundamental para se entender a noção de projeto. Diz Gluckman:

> *I am going to suggest that we may seek to explain this high ritualization of tribal society from the fact that each social relation in a subsistence economy tends to serve manifold purposes. It is what I have called multiplex and Talcot Parsons diffuse* (Gluckman, 1962, p. 26).

> *(...) Modern society has conflicts similar in kind to those of tribal society, but they are dispersed through different ranges of social relationships: disputes over political and economic issues, as over the distribution of wages and profits, do not normally enter family relations. Fragmentation of social relations isolates ranges of social conflicts from one another. as well as segregating roles. In a small scale society, every issue may be at once a domestic, an economic, and a political crisis* (Gluckman, *op. cit.*, p.43).

Nesse tipo de sociedade as noções de maturidade, integridade, equilíbrio, coerência etc., precisam levar em conta essa fragmentação da experiência de que já falava Simmel (Simmel, 1967). Ao ter uma visão linear da personalidade e uma noção de indivíduo não-relativizada, os terapeutas tendem a simplificar uma problemática muito complexa em que a compreensão do contexto é fundamental e não residual ou complementar. Entendendo a personalidade social como um *cluster of roles* (Gluckman, *op. cit.*), há que entender os diferentes contextos em que são desempenhados os papéis para perceber a gramática e lógica do comportamento individual, inclusive as possíveis incompatibilidades e contradições.

O projeto, creio, deve ser uma tentativa consciente de dar um sentido ou uma coerência a essa experiência fragmentadora. Como já foi dito antes, o individualismo é uma possível solução diante da diversidade de domínios e áreas. Outra seria o mergulho radical em um tipo de experiência que, a partir de certo momento, pelo fato de ser "totalizadora", prescindiria de maiores explicações – ela se justifica por si mesma. Você é ou não é um "cientista louco", uma "beata", um "burocrata ritualista" ou uma "mãe de família". Gluckman admite que mesmo nas sociedades urbanas modernas podem ser encontrados *pockets of social relations* em que papéis *multiplex* possam ser encontrados. Menciona convento, mosteiro ou um *college* universitário como tipos de instituição em que essa experiência mais típica de sociedade de pequena escala seria encontrada. Poder-se-ia ainda pensar em certos tipos de vizinhança, clubes, associações em que isso possa também ocorrer. Alguns autores como Goffman mostraram a importância da ritualização não só em instituições totais como em outras situações da sociedade moderna industrial (Goffman, 1974 e 1967). O próprio Gluckman admite ter polarizado os dois tipos de sociedade, para procurar obter uma visão mais clara e precisa das diferenças (Gluckman, *op. cit.*, p.43). A literatura sobre rituais com os trabalhos de Leach, Turner etc., e Da Matta, entre nós, já demonstrou de diversas maneiras como a ritualização existe e atua mesmo em situações de divisão social do trabalho acentuadas e diferenciação de papéis.

Juntando Gluckman com Simmel e Wirth, creio que, de qualquer forma, especialmente na grande metrópole, contrastando com sociedades de pequena escala – tribais, camponesas ou mesmo aldeias e cidades menores –, fica claro que a fragmentação de papéis e a heterogeneidade de experiências cria uma situação particular em termos existenciais. Há tipos de atores que, mesmo nesses ambientes, movem-se em círculos bastante fechados e em redes de relações restritas. Estão mais sujeitos do que em sociedades de pequena escala a invasões de seus mundos, a irrupções e crises ocasionadas pela proximidade física e sociológica com outros estilos de vida e definições de realidade. Contrastam, no entanto, com outro tipo de habitante da grande metrópole que vive permanentemente em contato com "mundos" e regiões morais (Park, 1967) diferentes. Essas pessoas estão permanentemente recebendo estímulos e se deslocando entre ambientes e experiências variadas. Simmel sugeriu a personalidade *blasé* (Simmel, *op. cit.*) como adaptação a esse estilo de vida, com toda a marca do individualismo. A minha hipótese é muito simples e retoma colocações anteriores. Quanto mais exposto estiver o ator a experiências diversificadas, quanto mais tiver de dar conta de ethos e visões de mundo contrastantes, quanto menos fechada for sua rede de relação ao nível do seu cotidiano, mais marcada será a sua autopercepção de *individualidade singular*. Por sua vez, a essa consciência da individualidade – fabricada dentro de uma experiência cultural específica – corresponderá uma maior elaboração de um *projeto*. Este será estimulado e encontrará uma linguagem própria para expressá-lo – a psicanálise, especificamente, e o discurso psicológico em geral, é em parte conseqüência e em parte criador desse tipo de individualismo. Cada vez mais fica difícil pensar um sem o outro. Ver-se como unidade significativa básica, procurando a sua "verdade", desenvolvendo suas potencialidades particulares, rompendo "simbioses", faz parte do credo analítico (Figueira, 1978). Daí as dificuldades de lidar com um discurso em que o sujeito não apareça com a mesma nitidez como no de um profissional liberal de classe média ou em que a verbalização possa ser secundária em relação a outros comportamentos expressivos como as técnicas de corpo, o uso de música, como é o caso de jovens das camadas médias e altas ligados ao que se chama às vezes de "contracultura". Portanto, não é só em relação às camadas de baixa renda que surgem problemas de impasses em termos de premissas mas com qualquer visão de mundo em que o indivíduo não apareça com a mesma nitidez que a de um discurso humanista-burguês-terapêutico.

VIII. *Projeto Individual e Projeto Social*

Em uma sociedade complexa moderna os mapas de orientação para a vida social são particularmente ambíguos, tortuosos e contraditórios. A construção da identidade e a elaboração de projetos individuais são feitas dentro de um contexto em que diferentes "mundos" ou esferas da vida social se interpenetram, se misturam e muitas vezes entram em conflito. A possibilidade da formação de grupos de indivíduos com um *projeto social* que englobe, sintetize ou incorpore os diferentes projetos individuais, depende de uma percepção e vivência de *interesses comuns* que podem ser os mais variados, como já foi mencionado – classe social, grupo étnico, grupo de *status*, família, religião, vizinhança, ocupação, partido político etc. A estabilidade e a continuidade desses projetos supra-individuais dependerão de sua capacidade de estabelecer uma definição de realidade convincente, coerente e gratificante – em outras palavras, de sua eficácia simbólica e política propriamente dita. Pode-se dizer que em uma sociedade complexa moderna coexistem *n* projetos em diferentes graus de desenvolvimento e complexidade, alguns praticamente imperceptíveis, outros explicitados e anunciados. Na medida em que um *projeto social* represente algum grupo de interesse, terá uma dimensão política, embora não se esgote a esse nível pois a sua viabilidade política propriamente dependerá de sua eficácia em mapear e dar um sentido às emoções e sentimentos individuais. Aí tem de ser somatório e síntese. O desempenho de uma multiplicidade de papéis no cotidiano da grande metrópole em "mundos" muitas vezes física e espacialmente separados, as transformações na rede de parentesco e vizinhança e a nuclearização da família (ver Aries, 1978) são algumas das variáveis que concorrem para essa destotalização da experiência individual em contraste com as sociedades tradicionais. O mergulho em um *mundo específico*, como os antes mencionados, é uma alternativa muitas vezes frágil diante da invasão e interpenetração de domínios, fartamente ilustrada no cinema e na literatura. A interdependência dos mundos e a fluidez de suas fronteiras faz com que um código de emoções, um ethos e um estilo de vida fortemente ancorados em um domínio exclusivo possam se constituir em terríveis armadilhas. Nesse sentido poder-se-ia até dizer que os projetos mais *eficazes* seriam aqueles que apresentassem um mínimo de plasticidade simbólica, uma certa capacidade de se apoiar em domínios diferentes, um razoável potencial de metamorfose. Os projetos constituem, portanto, uma dimensão da *cultura*, na medida em que sempre são expressão simbólica. Sendo *conscientes e potencialmente públicos*, estão diretamente ligados à organização social e aos processos de mudança social. Assim, implicando relações de poder, são sempre políticos. Sua eficácia dependerá do instrumental simbólico que puderem manipular, dos paradigmas a que estiverem associados, da capacidade de contaminação e difusão da linguagem que for utilizada, mais ou menos restrita, mais ou menos universalizante. Nem tudo nos projetos é político, mas, quando são capazes de aglutinar grupos de interesses, há que procurar entender sua riqueza simbólica e seu potencial de transformação. Em toda sociedade complexa podem ser identificados grupos que, através de suas trajetórias e posição em relação ao resto da sociedade, têm mais possibilidades de divulgar seus projetos. Sem dúvida há todo um conjunto de variáveis – como poder econômico, militar etc. que afetam o espaço cultural possível, mas é importante verificar o potencial intrínseco de um projeto social que só pode ser compreendido através do conjunto de símbolos a que está associado e que veicula.

REFERÊNCIAS BIBLIOGRÁFICAS

ADAMS, Richard Newbold. 1970. *Crucifixion by power.* Austin, University of Texas Press.

ARIÈS, Philippe. 1978. *História social da criança e da família.* Rio, Zahar.

BATESON, Gregory. 1958. *Naven;* A survey of the problems suggested by a composite picture of the culture of a New Guinea tribe drawn from three points of view. Stanford, Stanford University Press, 2ª ed.

BECKER, Howard S. 1970. "Careers, personality and adult socialization". *in Sociological work;* Method and substance. Chicago, Aldine, p.245-60.

_____. 1977. "Mundos artísticos e tipos sociais", *in* Velho, Gilberto (comp.), *Arte e sociedade.* Rio, Zahar, p.9-26.

_____. 1970. "Notes on the concept of commitment", *in Sociological work;* Method and substance. Chicago, Aldine, p.261-73.

_____. 1966. *Outsiders;* Studies in the sociology of deviance. Nova York, The Free Press.

_____. 1970. "Personal change in adultlife", *in Sociological work;* Method and substance. Chicago, Aldine, p.275-77.

_____. 1970. "The self and adult socialization", *in Sociological work;* Method and substance. Chicago, Aldine, p.289-303.

_____. 1977. *Uma teoria da ação coletiva.* Rio, Zahar.

BERNSTEIN, Basil. 1971. "Theoretical studies towards a sociology of language", *in Class, codes and control.* Londres, Routledge & Kegan Paul, v. 1.

BOAS, Franz. 1966. *Race, language and culture.* Nova York, The Free Press.

BOTT, Elizabeth. 1971. *Family and social network.* Londres, Tavistock.

BOURDIEU, Pierre. 1974. "Condição de classe e posição de classe", *in A economia das trocas simbólicas.* São Paulo, Perspectiva, p.3-25.

_____. 1964. *Les héritiers.* Paris, Minuit.

CASTRO, E.B. Viveiros de e Araújo, Ricardo B. de. 1977. "Romeu e Julieta e a origem do Estado", *in* Velho, Gilberto (comp.), *Arte e sociedade.* Rio, Zahar, p.130-69.

DAVIS, R.H.C. 1968. *A history of Medieval Europe.* Nova York, David Meckay.

DUMONT, Louis 1977. *Homo aequalis.* Paris, Gallimard.

_____. 1970. *Homo hierarchicus;* an essay on the caste system. Chicago, The University of Chicago Press.

EVANS-PRITCHARD, E.E. 1968. *The Nuer.* Oxford, Clarendon Press.

FIGUEIRA, Sérvulo Augusto. 1978. *Individualismo e psicanálise.* Rio. PUC. (Dissertação apresentada ao Departamento de Psicologia da Pontifícia Universidade Católica.)

FRY. Peter Henry e Howe Gary Nigel. 1975. "Duas respostas à aflição: umbanda e pentecostalismo", *in Debate e Crítica,* São Paulo, 6. p.75-94.

GEERTZ, Clifford. 1978. *A interpretação das culturas.* Rio, Zahar.

GENNEP, Arnold van. 1969. *Les rites de passage.* Paris, Mouton.

GLUCKMAN, Max. 1966. "Les rites de passage", *in Essays on the rirual of social relations.* Manchester, Manchester University Press, p.1-52.

GOFFMAN, Erving. 1974. *Manicômios, prisões e conventos.* São Paulo, Perspectiva.

_____. 1967. *Interaction ritual.* Essays on face-to-face behavior. Nova York, Anchor Books.

_____. 1959. *The presentation of self in everyday life.* Nova York. Doubleday Anchor Books.

_____. 1978. "Sintomas mentais e ordem pública", *in* Figueira, Sérvulo A. (comp.), *Sociedade e doença mental.* Rio, Campus, p.9-18.

Hérésies et sociétés dans l'Europe pré-industrielle 11e-18e siècles. 1968. Communications et débats du Colloque de Royaumont présentés par Le Goff. Paris, Mouton.

HOBSBAWM. E.J. 1975. *The age of revolution;* Europe 1789-1848. Londres, Weidenfeld and Nicolson.

KUHN, Philip A. 1977. "Origins of the Taiping vision: cross-cultural dimensions of a Chinese rebellion", *in Comparative Studies in Society and History.* Londres, 19 (3): p.350-66, julho de.

LEACH, E.R. 1967. *Political systems of Highland Burma.* Boston, Beacon Press.

LE GOFF, Jacques. 1973. *Os intelectuais na Idade Média.* Lisboa, Editorial Estudios Cor.

LÉVI-STRAUSS, Claude. 1958. *Anthropologie structurale.* Paris, Plon.

_____. 1962. *La pensée sauvage.* Paris, Plon.

MALINOWSKI, Bronislaw. 1961. *Argonauts of the Western Pacific.* Nova York, E.P. Dutton.

MATTA, Roberto da. 1973. "O Carnaval como um rito de passagem", *in Ensaios de antropologia estrutural.* Petrópolis, Vozes, p.121-68.

_____. 1977. "Carnavais, paradas e procissões: reflexões sobre o mundo dos ritos", *in Religião e Sociedade.* São Paulo, 1 (1), p.3 30, maio de

_____. 1974. *Constraint and licence:* a preliminary study of two brazilian national rituals. Nova York, Wenner-Gren Foundation for Anthropological Research. (Paper prepared in advance for participants in Burg Wartenstein Symposium nº 64.)

_____. 1978. "Hierarchy and equality: a structural study of two carnivals", *in* Tulchin, Joseph S. (org.), *Hemispheric perspectives on the United States;* Papers from the New World Conference. Westport, Connecticut, Greenwood Press, p.111-26.

MAUSS, Marcel. 1968. *Sociologie et anthropologie.* Paris, PUF.

PARK, Robert Erza. 1967. "A cidade: sugestões para a investigação do comportamento humano no meio urbano", *in* Velho, Otávio Guilherme (comp.), O *fenômeno urbano.* Rio, Zahar, p.29-72.

QUEIROZ, Maurício Vinhas de. 1966. *Messianismo e conflito racial.* Rio, Civilização Brasileira.

SAHLINS, Marshall. 1979. *Cultura e Razão Prática.* Rio, Zahar.

SCHNEIDER, Dorith. 1974. "Alunos excepcionais: um estudo de caso de desvio", *in* Velho, Gilberto (comp.), *Desvio e divergência.* Rio, Zahar, p.52-81.

SCHUTZ, Alfred. 1970. "The problem of social reality", *in Collected papers.* Haia, Martinus Nijhoff, v. 1.

SIMMEL, Georg. 1967. "A metrópole e a vida mental", *in* Velho, Otávio Guilherme (comp.), O *fenômeno urbano.* Rio, Zahar, p.13-28.

TURNER, Victor. 1974. *Dramas, Fields, and metaphors.* Ithaca, Cornell University Press.

_____. 1969. *The ritual process;* Structure and anti-structure. Chicago, Aldine.

VELHO, Gilberto. 1976. "Accusations, family mobility and deviant behavior", *in Social Problems,* Nova York, 23 (3), p.268-75, fevereiro.

_____. 1971. "Estigma e comportamento desviante em Copacabana", *in América Latina.* Rio, 14 (1,2), p.3-9, janeiro-junho.

_____. 1975. *Nobres e anjos: um estudo de tóxicos e hierarquia.* São Paulo. (Tese de Doutoramento apresentada à Faculdade de Filosofia, Letras e Ciências Humanas da USP).

_____. 1978. "Observando o familiar", *in* Nunes, Edson de Oliveira (comp.), *A aventura sociológica.* Rio, Zahar, p.36-46. Cap. IX deste livro.

WIRTH, Louis. 1967. "O urbanismo como modo de vida", *in* Velho, Otávio Guilherme (comp.), O *fenômeno urbano.* Rio, Zahar, p.97-122.

capítulo 2 | Prestígio e Ascensão Social: Dos Limites do Individualismo na Sociedade Brasileira*

I.

Trabalhando com o universo de camadas médias tenho refletido sobre uma distinção que creio poder ser útil para estabelecer limites entre grupos e segmentos dentro do que se costuma chamar, com alguma imprecisão, de *classe média*. Trata-se de diferenças de motivação vinculadas a trajetórias e leituras específicas do sistema simbólico que constitui a cultura de que participam. Essas diferenças estão associadas a variações da escala de valores mais ampla e da própria construção social da realidade. O objetivo seria demonstrar que, dentro de um universo que segundo critérios socioeconômicos como renda e ocupação poderia ser visto como homogêneo, encontram-se fortes descontinuidades em termos de ethos e visão de mundo. Esse é um tema que já tenho explorado em outras oportunidades,[1] mas que procurarei discutir examinando uma questão específica – a da *mobilidade social* e dos valores a ela associados. Examinarei também as ordens simbólicas em questão, voltado para a construção social da realidade desse universo da sociedade brasileira.

---

* Na elaboração deste capítulo foi particularmente importante o diálogo com Ovídio de Abreu Filho e Luiz Fernando Dias Duarte, a quem devo meus agradecimentos.

1. Ver, entre outros, "Cultura de classe média" (capítulo 8 deste livro) e minha tese de doutorado *Nobres e anjos: um estudo de tóxicos e hierarquia*, apresentada à Faculdade de Filosofia, Letras e Ciências Humanas, USP, 1975.

II.

Já na minha dissertação de mestrado, ao investigar o tema da importância de morar em Copacabana para um segmento predominantemente *white collar*, encontrei algumas variações interessantes.[2]

Estou consciente dos riscos de uma leitura psicologizante do termo *motivação* e quero frisar que o entendo como expressão de um sistema simbólico-cultural. Nesse sentido a motivação é uma expressão, ao nível individual, de representações coletivas. O problema, no caso, é relacionar essas representações com experiências sociológicas específicas.

No caso de Copacabana a grande maioria dos entrevistados morando ou não no bairro encarava-o como símbolo de sucesso, indício de *subida na vida*.[3] São essas noções que permitem iniciar uma reflexão sobre prestígio e ascensão social. Alguns dos entrevistados, embora em pequena proporção, não manifestavam o desejo de mudar-se para o bairro, preferindo permanecer onde estavam. Em geral eram habitantes da Zona Norte e subúrbios do Rio de Janeiro. Alguns moravam no Centro ou em outros bairros da Zona Sul como Flamengo, Botafogo etc. A renda e a ocupação dos dois grupos – os que valorizavam e os que não valorizavam Copacabana – não apresentavam maiores diferenças. Eram funcionários públicos, pequenos comerciantes, bancários, comerciários de certo nível, professores etc. Provinham dos mais variados Estados e regiões do país. Em termos de Rio de Janeiro as áreas de origem, no caso dos copacabanenses, eram também os subúrbios, a Zona Norte, o Centro e outros bairros da Zona Sul.[4] Pergunta-se se existe e qual seria a diferença de experiência sociológica que poderia explicar as variações de prioridade. É a questão que outros fazem preocupados com a opção, por exemplo, entre umbanda e pentecostalismo (Fry e Howe, 1975).

Acredito, certamente, que existe uma relação entre crenças, valores e experiências de classe, trajetórias, natureza da rede de rela-

---

2. Ver *A utopia urbana: um estudo de antropologia social, 3ª ed., Rio, Zahar, 1978.*
3. Ver *op. cit.*, especialmente capítulo IV.
4. Ver *op. cit.*, especialmente capítulos II e III.

ções etc. Sem dúvida, em uma sociedade complexa moderna, com classes sociais diferentes e projetos sociais alternativos, esse é um fenômeno até mais evidente (ver capítulo I). No entanto, creio que corremos o risco de eventualmente fazermos um verdadeiro *tour de force* para explicar opções que, na falta de termo mais adequado, chamarei de *existenciais*, através da identificação de diferenças sociológicas cuja relevância pode ser discutível.

No caso de Copacabana não havia dúvida de que o *white collar* constituía, na época da pesquisa, o segmento mais mobilizado pela imagem do bairro. Mas como explicar as variações dentro desse universo? Continuei, de alguma forma, nos últimos dez anos a pesquisar e entrevistar pessoas sobre Copacabana e, em geral, sobre aspirações residenciais, mapas da cidade, preferências de bairro. Identifiquei na *Utopia urbana* um mapa social básico comum ao universo pesquisado:

> Essa sociedade é, para essas pessoas, constituída por estratos que têm como uma de suas definições essenciais a sua distribuição espacial que vai ser fundamental para definir os *status* dos indivíduos, atribuindo-lhes mais ou menos privilégios que são, basicamente, as oportunidades de acesso a determinados padrões materiais e não-materiais. Os estratos tem limites claros, à medida que se definem espacialmente... etc. (*op. cit.*, p.81-2)

Desejo complexificar um pouco essa avaliação. Creio poder confirmar que há certas trajetórias que diferenciam escalas de prioridade. Por exemplo, considerando *white collars* moradores da Zona Norte e do subúrbio, verifica-se que é mais provável encontrar cariocas ou moradores antigos do Rio de Janeiro com o propósito de *ficar* seja na Tijuca, no Méier, Madureira, Grajaú etc. Enquanto isso, pessoas vindas de outras cidades, Estados e regiões do país tendem a buscar Copacabana particularmente. Poder-se-ia falar usando o senso comum de ter mais ou menos *raízes*. Isso pode ser interpretado como um fenômeno de maior inserção dos indivíduos nos bairros em que moram através de redes de relações mais ou menos densas, com uma certa estabilidade e continuidade de laços com os parentes, vizinhos e papéis, pelo menos, definidos. Ora, não só para os recém-chegados mas mesmo para os cariocas e moradores mais antigos esse quadro de relativa estabilidade e continuidade ou não mais existiria ou estaria se transformando rapidamente. O recém-chegado, em princípio, é mais anônimo, e o morador antigo, em grande proporção, vivencia dramaticamente as mudanças como "O bairro já não é mais o mesmo", "Muita coisa mudou" etc. De alguma forma ambos são candidatos a morar em Copacabana, embora por motivos aparentemente diversos. Em alguns casos Copacabana pode ser a procura de um novo mundo, moderno e individualizado e em outros pode ser a procura de na modernidade reelaborar laços com parentes e antigos vizinhos (*op. cit.*, p.68). Mas a isso voltarei mais adiante.

III.

A noção de projeto que tenho utilizado, especialmente a partir de Schutz (ver capítulos I, VII e IX e Schutz, 1970), enfatiza a margem de manobra existente na sociedade para opções e alternativas. De alguma forma, um *sujeito* decide e escolhe um caminho específico. Em termos de histórias de vida há momentos particularmente dramáticos que podem ser reconstituídos quando o indivíduo se vê diante de encruzilhadas. Pode ser a mudança de bairro, a conversão a uma religião, a adesão a um partido político, o fim de um casamento etc. O grau de consciência envolvido e a coerência dos projetos em pauta são questões a serem verificadas. Não estou trabalhando com a idéia de um homem abstrato, calculista, manipulando permanentemente táticas e estratégias. Essas decisões são tomadas geralmente em situações de grande conflito intelectual e emocional. Sem dúvida pode-se afirmar que uma constante nesses momentos é a angústia da individualização. O próprio "não saber o que se quer" é uma constatação da pouca clareza do projeto. E na sociedade moderna cada vez mais cobra-se isso, seja da mulher que se deve tornar independente, do jovem que precisa se autonomizar ou do trabalhador que tem de lutar pelos seus interesses. Ou seja, é preciso definir e descobrir o *que se quer.* Em outras palavras, o que o *indivíduo sujeito moral* quer e pretende. Este, de alguma forma, deve ser distinguido e destacado de unidades mais amplas que poderiam ser definidas por laços de parentesco, de patronagem, hierarquizantes e tradicionais. A individualização como ideologia, como caminho, aparece, por exemplo, no feminismo, como demonstram as autoras de "Antropologia e Feminismo" (1981).

Creio ser fundamental procurar distinguir a ideologia individualista que, segundo Dumont, seria a própria produtora e expressão da modernidade em suas diferentes manifestações e contextos. Mais ainda cumpre perceber diferentes tipos de ethos individualistas que podem ter pouco ou nada a ver com essa vertente ideológica do pensamento ocidental (Dumont, 1970 e 1977).

As noções de *prestígio* e *ascensão social* parecem-me vinculadas, exatamente, a diferentes formas de viver e lidar com a questão da individualidade na sociedade contemporânea. Fazem parte, por sua vez, de um processo mais amplo de *construção social da identidade.*

IV.

A construção da identidade é problema universal da sociedade. Em todo e qualquer grupo tribal, tradicional ou moderno, definem-se e classificam-se categorias sociais sejam famílias, clãs, linhagens, classes, grupos de *status* etc. A importância e a ênfase no indivíduo agente empírico podem variar bastante como demonstraram Mauss e Dumont, entre outros (Mauss, 1968 e Dumont, *op. citata).* Ser parte de um todo pode significar ser membro de uma casta na Índia, de uma linhagem Nuer, de um clã Zuni etc. Nas sociedades complexas modernas as marcas de diferenciação entre grupos sociais em geral, étnicos, religiosos e a construção e manipulação de fronteiras e papéis já foram objeto de análises bastante conhecidas (ver, entre outros, Barth, 1970 e Cardoso de Oliveira, 1976). O fato de um indivíduo ser judeu, católico, cigano, índio, negro, umbandista, japonês etc. coloca-o como parte de uma categoria social que, dependendo do contexto, poderá ser valorizada ou ser objeto de discriminação ou estigmatização. No caso de grupos desviantes isso também já ficou particularmente claro nos trabalhos de Howard S. Becker e Erving Goffman (ver bibliografia no final do capítulo). Podem-se, como sabemos, estabelecer *n* diferenciações e subdivisões dependendo do palco e dos atores envolvidos. As categorias podem ser reconhecidas pelos seus membros como autênticas ou poderão ser tomadas como acusações ou rótulos estigmatizantes. Por outro lado, é problema crucial perceber a natureza e qualidade de englobamento do agente empírico por uma unidade mais ampla. Há sociedades e há categorias sociais com ideologias holistas de fato dominantes em que o espaço para a emergência de um ethos individualista é mínimo. O seu florescimento é identificado por Louis Dumont com o próprio advento da sociedade moderna (*Dumont, op. citata*, especialmente 1971 e 1977).

No entanto, parece-me importante estudar situações específicas com grupos particulares para delimitar e distinguir os diferentes níveis em que a ideologia individualista pode atuar. Cabe distinguir o *lugar do indivíduo* na construção social da identidade de qualquer grupo ou sociedade e o desenvolvimento de uma *ideologia individualista* que, em princípio, estaria vinculada a tipos particulares de experiência e história.

Assim, sempre encontramos o agente empírico inserindo-se em uma cultura, sendo socializado e construído de acordo com os modelos e representações vigentes. Nesse sentido a literatura sobre sociedades mediterrâneas como os trabalhos de Pitt-Rivers e Peristiany são particularmente relevantes na ênfase que dão à questão da honra. A tensão entre a individualização propriamente dita e a inserção em uma categoria mais ampla parece ser problema universal. Sem dúvida a consciência dessa tensão emerge com mais nitidez com a própria ideologia individualista. As discussões sobre livre arbítrio e responsabilidade individual acompanham praticamente toda a história do cristianismo (ver, por exemplo, Bardy, 1948), mas assumem sua plenitude no período da Reforma Protestante, onde, associado a uma conjuntura histórica e social específica, desenvolve-se um ethos individualista particularmente vigoroso, como foi mostrado entre outros por Max Weber (Weber, 1967).

Logo uma questão estratégica, em se tratando de pesquisas específicas, é tentar mapear o espaço do individualismo. A par de diferenças psicológicas que interessa discutir enquanto dimensão de um processo cultural mais amplo, é importante tentar determinar papéis sociais e sua articulação como processos mais ou menos individualizantes. Rosen, por exemplo, mostra como em Sefrou, no Marrocos, a existência de *social fields* distintos permite ao agente empírico manipular noções e categorias de parente, vizinho, tribo cuja capacidade de englobamento se torna relativa. A complexidade institucional e das redes de relações é acompanhada por uma modalidade de individualismo que está ligada a uma tradição cultural muito distinta da protestante mencionada anteriormente (Rosen, 1979).

No caso da pesquisa de Copacabana, o que chamei de ter raízes equivale, de certa forma, a identificar uma situação de auto-estima baseada no prestígio que é conferido ao ator pelo grupo ou grupos a que pertence. Ou *seja*, a partir do espaço social que lhe é conferido ou obtido, o indivíduo agente empírico desempenha papéis que permitirão a elaboração de uma identidade mais ou menos sólida, respeitada, gratificante. A importância da família, do universo de parentes e do nome são fundamentais nesse processo, embora não seja homogêneo nem uniforme (ver Abreu Filho, 1980). Esta fica mais patente em cidades menores, mas também em metrópoles constitui elemento significativo e determinante (ver Velho, 1975, especialmente capítulo III). Sem dúvida há uma tensão entre o processo de individualização e a inserção em um universo de parentes, consangüíneos, colaterais, afins etc. A ideologia individualista, de alguma forma, aparece em nossa sociedade solidária com a nuclearização da família, mas esse processo não é linear e os laços entre as diferentes famílias nucleares podem criar formas de sociabilidade matizadas. Mas, sem dúvida, o domínio do parentesco é crucial para a constituição da identidade do agente empírico com todas as ambigüidades sugeridas. De qualquer forma, pertencer a uma *boa família*, ter *boa raça* ou *sangue* assim como ser bom pai, filho, avô, mãe etc. são valores que podem ser essenciais na constituição da *aura social* de um agente empírico (ver Abreu Filho e Velho, *op. cit.*). Nesses momentos ele estará desempenhando um papel já dado tendo como referências paradigmas culturais preexistentes. Mas a sua individualidade se expressa através de uma *performance* mais ou menos bem-sucedida. Essa relação entre ser parte de um todo predefinido com um mapa delineado e a possibilidade de manobra no desempenho de papéis, explorando ou criando novas alternativas, indica a tensão existente no processo de individualização. Logicamente nem todos os agentes empíricos têm as mesmas possibilidades de alcançar sucesso ou obter satisfação dentro de um campo de possibilidades histórica e socialmente delimitado. Daí a alternativa do afastamento, do rompimento ou da renúncia a um mundo que se torna opressivo e indesejável. A opção pode ser permanecer no seu grupo original com pouca gratificação, frustração e escasso prestígio ou sair em busca de novos espaços físicos e sociais. Essa experiência pode ser traduzida na aparentemente banal mudança de um subúrbio para Copacabana, na opção de um cavaleiro medieval que parte para as Cruzadas, num amante frustrado que muda de nome e vai para a Legião Estrangeira ou até no suicídio propriamente dito. Sair, fugir, afastar-se, renunciar, apagar-se e apagar seu mundo podem ser a expressão de uma impossibilidade de encontrar um *status*, uma posição que confira honra e prestígio social condizentes com expectativas culturalmente elaboradas. A mobilidade social, seja em termos de deslocamento no espaço, seja através da estratificação social, pode, entre outros motivos, ser causada por essa insatisfação. Numa linguagem economicista poder-se-ia dizer que o prestígio é um bem escasso e desigualmente distribuído.

Por um breve momento deter-me-ei em certos aspectos de uma sociedade tradicional "clássica". No feudalismo europeu, especialmente entre os séculos VIII e XIII, os agentes empíricos encontram-se, predominantemente, distribuídos em categorias bem demarcadas hierarquicamente. Há tipos específicos de prestígio como o do sacerdote e o do guerreiro e há graus diferentes de prestígio como entre um noviço e um bispo ou entre um pajem e um duque. Há combinações interessantes como aquela expressa pelas ordens militares como os Templários, a Ordem de São João, os Cavaleiros Teutônicos, Calatrava etc. Se a fonte principal do prestígio é uma ordem moral construída em torno de princípios religiosos, ela não é exclusiva e outros domínios da vida social mesmo que subordinados podem ser elementos fundamentais para a constituição de uma *aura social*. A crescente importância e autonomização do domínio do econômico já é evidente desde pelo menos o século XII, onde em cidades italianas e alemãs, por exemplo, mercadores ocupam uma posição dominante e são objeto de respeito e portadores de prestígio. Mas mesmo em relação a períodos anteriores é importante observar que essa distinção de domínios e sua gênese é percebida por nós, hoje, obviamente com outra perspectiva da do grupo de indivíduos que a viveram diretamente. Quando se afirma, por exemplo, a existência de uma ordem holista baseada em princípios religiosos, é importante perguntar que atores tinham, se tinham ou quando tinham clareza sobre esse ponto. Lendo santo Agostinho percebe-se nitidamente que a queda de Roma diante de Alarico coloca a tensão entre uma ordem terrena, mutável e a Cidade de Deus propriamente dita. A ênfase nesta representa, inclusive, um esforço teórico de englobamento de outras esferas e do domínios que obviamente eram significativos para o cidadão romano dos séculos IV e V. O desvinculamento da Igreja do destino do Império Romano e sua colaboração com reis bárbaros como Teodorico é ambígua, pois, ao mesmo tempo que marcaria a transcendência do religioso, implica reconhecer *de fato* o poder concreto e emergente dos invasores do Império. Mais adiante a conversão de Clóvis é identificada como um triunfo do cristianismo sobre o paganismo e os hereges arianos. No entanto, a tensão entre Estado e Igreja será permanente seja através das complexas relações com o Império Bizantino seja com as diferentes monarquias que vão se estabilizando, culminando com a confrontação com o Santo Império e, especificamente Frederico II nos séculos XII-XIII. Portanto, holismo, distinção de domínios e o desenvolvimento de ideologias individualistas constituem relações e processos complexos e não-lineares. Isso fica muito claro na história européia mas pode ser confirmado em outras sociedades e culturas.

V.

Voltemos ao Brasil e, particularmente, às nossas camadas médias. Encontrei, constantemente, em histórias de vida e relatos familiares o padrão do indivíduo que sai de seu grupo de origem, cidade, bairro, para explorar novas possibilidades. Isso pode ser feito pacificamente ou em situação de conflito familiar. No primeiro caso, o estudo e o trabalho podem ser as motivações explícitas e conscientes que justificam tal passo, havendo certo consenso sobre a sabedoria da decisão, mesmo que as partidas possam ser marcadas por tristeza e lamentações. No segundo caso, são situações de confronto com parentes próximos como pai, irmãos, tios. Sai-se brigado, rompido, embora a possibilidade de reconciliação num futuro não necessariamente remoto não esteja afastada. Como veremos, é significativo que essa se torna mais provável com o *sucesso* daquele que saiu. Os malsucedidos tendem a isolar-se e afastar-se do grupo de onde saíram.

O *sucesso* traduzido em dinheiro e/ou diplomas é a ascensão social que pode conferir um novo tipo de *prestígio*. Este existe em função da saída e foi construído em espaços e domínios externos. De certa forma não é possível encontrar-se uma correspondência unívoca com o prestígio de quem ficou, construído dentro do grupo e de sua rede de relações. A combinação entre o prestígio associado a uma ordem tradicional e o prestígio decorrente de ascensão social no mundo exterior pode constituir fonte de poder político na sociedade brasileira para famílias e redes de parentesco que assim acionam diferentes tipos de estratégia. Mas isso não é um processo simples e indolor.

O fato de sair principalmente quando decorrente de uma *decisão voluntária* marca e enfatiza a existência do indivíduo enquanto *sujeito moral*, unidade mínima significativa que se destaca para fazer a sua vida, lutar (ver Abreu Filho, *op. cit.*), tornar-se um *stranger* em algum outro lugar ou meio (ver Schutz, 1970). Ao sair da cidade, do bairro, da vizinhança e ao afastar-se dos parentes, o agente empírico sublinha a sua particularidade. É claro que, em muitos casos, também estará seguindo um padrão. Outros já saíram antes dele e outros sairão depois. Mas não só nem sempre existe um padrão explícito e claro mas, mesmo existindo, constitui a *alternativa individualizadora* dentro do campo de possibilidades daquele grupo e universo moral. Não defendo uma teoria voluntarista da vida social. Chamo atenção para o espaço que possibilita a emergência de situações em que o indivíduo enquanto sujeito moral se destaque e onde um ethos individualista possa existir mesmo subordinado a uma ordem holista dominante. Essa coexistência está longe de ser necessariamente pacífica e é, de certa forma, uma contradição. O próprio *sucesso individualizado* do que sai não precisa ser visto como complementar aos que ficam nem percebido como reforço da posição dos grupos de parentes e família. Assim é que as acusações de *ingrato, avarento, egoísta* são constantemente acionadas em situações como essa, em que se definem atores com diferentes experiências e percepções da realidade. O que se individualiza mais é potencialmente um desviante na medida em que, por sua própria trajetória, tenderá a não ser ortodoxo aos costumes e normas de onde saiu. Mas há também outro lado da moeda: o desviante sai para individualizar-se, movimento que lhe é dificultado pelo controle social de sua família, bairro, cidade. Como já foi mencionado, isso é vivido como repressão, abafamento. Como está em discussão um sistema social em que as localidades e grupos não estão compartimentados, é óbvio que estes não podem ser tratados como unidades autônomas e isoladas. Assim, as pessoas estudadas por Carmem Dora Guimarães sabiam que, indo para o Rio de Janeiro, sua vida poderia ser diferente encontrando maior margem de manobra para exercer, entre outras coisas, suas preferências sexuais (Guimarães, 1977). A própria emergência do desvio dentro do grupo original demonstra que em termos culturais mais amplos há possibilidades de leituras mais diversificadas e diferenciadas do que se costuma supor. Mesmo nos ambientes supostamente mais tradicionalistas e conservadores encontram-se indivíduos e grupos cuja visão de mundo e ethos são discrepantes e contraditórios com a ordem moral dominante. Isso não nega o fato de que, em geral, nas grandes metrópoles e particularmente em certas regiões morais, nos termos de Park (ver Park, 1925), concentram-se os mais variados tipos de minorias e desviantes. A modernidade da vida metropolitana consiste nessa variedade de estímulos e experiências que permite o pluralismo de grupos e individualidades como mostrou Simmel (ver Simmel, 1967).

Portanto, toda sociedade desenvolve mecanismos para definir um lugar para o indivíduo-agente empírico. Este tem de assumir papéis, responsabilidades e deveres de acordo com seu sexo, idade, posição na hierarquia. Não existe sociedade que encaminhe esse processo sem nenhum tipo de tensão. No entanto, a emergência e o desenvolvimento da ideologia individualista moderna mudam a direção e o sentido da problemática. Nem sempre o seu perfil aparece com nitidez. Nem todo comportamento ou atitude individualista, no sentido de servir aos interesses do indivíduo, expressa uma visão de mundo em que o agente empírico é o sujeito moral e unidade mínima significativa. A sociedade brasileira, sob esse aspecto, oferece situações particularmente complexas. Nos grupos de camadas médias que estudei, encontrei diversas pessoas freqüentadoras de terreiros de umbanda e centros espíritas. Em geral, em termos de freqüência regular, não pertenciam aos setores mais altos das camadas médias em termos de educação, recursos, situação financeira. De alguma forma, sua opção tem um caráter individualista na medida em que, devido a sua posição na estratificação social, são capazes de manipular diferentes recursos simbólicos ligados a domínios distintos, permitindo-lhes mover-se entre vários planos. Funcionários públicos, professores, militares etc. com posições bem definidas e que através de sua relação com o sagrado e, especificamente, com a crença na comunicação com espíritos, entidades sobrenaturais, divindades, marcam de forma vigorosa sua *identidade social* (remeto novamente aos trabalhos de Barth e Cardoso de Oliveira já mencionados). São indivíduos que, em parte significativa de seu cotidiano, desempenham papéis em instituições onde a responsabilidade é enfatizada e as noções de dever e cumprimento de obrigações internalizadas. No entanto, em alguns momentos, marcados dramaticamente ao nível do ritual e do sagrado, de alguma forma deixam de ser *eles mesmos* para serem cavalos, aparelhos, intermediários através dos quais falam e se manifestam as entidades anteriormente mencionadas. *Deixam de ser eles mesmos* ou marcam de uma forma muito vigorosa a sua identidade? Há duas leituras possíveis. Serão movimentos contraditórios? Quando a dona-de-casa, o funcionário público ou o bancário, em uma sessão de umbanda entra em transe e *recebe* uma pomba gira, um caboclo, um preto velho etc., está acrescentando um dado altamente significativo para a constituição de sua *aura social.* Ao deixar de ser, por alguns momentos, "ele mesmo", acrescenta uma dimensão particular a sua identidade. Deixa de ser o sujeito moral, consciente, racional, para ser possuído, dominado, mas a construção social de sua identidade torna-se mais complexa, na medida em que a relação especial com o sagrado marca sua posição diante da sociedade e do seu grupo. No espiritismo kardecista a tensão entre *ser racional* e seus corolários éticos e o fenômeno transe talvez sejam ainda mais dramáticos.[5]

VI.

Não há um único individualismo. É perigoso confundir a ideologia individualista, analisada por Dumont, com toda e qualquer possibilidade de o indivíduo-agente empírico encontrar espaços e manipular situações. Rosen, na obra citada, chega a falar em um *individualismo agonístico* em Sefrou, no Marrocos, onde parentesco, tribo, vizinhança, embora demarcadores de fronteiras, longe de conter e englobar, constituem campo de manobra para os interesses e manipulações individuais.

Nesse sentido, ascensão e prestígio sociais devem ser contextualizados e só assim poderão ter seu significado apreendido. Acredito que através da distinção entre duas modalidades de individualismo talvez possamos chegar perto disso.

Em um primeiro momento, prestígio está associado a uma situação mais tradicional, de certa estabilidade. As regras, valores e modelos estão relativamente claros e os indivíduos agentes empíricos são avaliados e situados dentro de um modelo hierarquizante com categorias, em princípio, bem definidas. A ascensão, por sua vez, estaria associada à mudança, transformação, tanto em termos de trajetória individual como de contexto social. No caso brasileiro, especificamente, acompanharia uma lógica de classes em contra-

5. Há interessantes sugestões sobre isso no trabalho de Luiz Fernando Dias Duarte, "O culto do Eu no templo da razão". PPGAS/Museu Nacional (datilografado). A pesquisa, ora em conclusão, de Maria Laura Viveiros de Castro Cavalcanti (PPGAS/Museu Nacional) trará também considerável contribuição para essa área de investigação.

posição ao modelo hierárquico. Esse individualismo, o da ascensão social, seria apoiado em algo próximo de que fala Dumont – uma ideologia que enfatizaria o indivíduo enquanto valor, sujeito moral e unidade mínima significativa.

Mas o que pode ser uma estimulante formulação teórica pode não ser fácil de distinguir com nitidez em situações particulares. Quando um indivíduo agente empírico se torna um indivíduo sujeito moral ou quando se move dentro da lógica da hierarquia? Em termos de histórias de vida pode-se perceber uma tensão entre os dois modelos, que se expressam, em termos de representações e construção da realidade, através de duas tendências distintas de lidar com a individualidade. Como no caso de um comerciante carioca, originário de um subúrbio, que no início de suas atividades profissionais recebeu forte apoio de sua família – do pai e de um tio (irmão do pai) particularmente. Este torna-se seu sócio e durante alguns anos tem uma relação em que o sobrinho desempenha um papel mais subordinado. O negócio no subúrbio prospera e abrem uma filial na Zona Sul, em Botafogo. O sobrinho vai dirigir a nova loja e, depois de certo tempo, casa e muda-se para Copacabana. Um ano depois rompe a sociedade com o tio, brigando com vários parentes. Aparentemente o próprio pai não o apóia nesse movimento. Vive-se um pequeno drama com acusações recíprocas de exploração, ingratidão etc. Passados dois anos, tanto o tio na Zona Norte como o sobrinho na Zona Sul têm seus negócios bem encaminhados e suas lojas prosperam. Nasce o primeiro filho já em Copacabana e o evento é oportunidade para uma reconciliação familiar. O neto e sobrinho possibilitam uma elaboração da crise e o batizado, acompanhado de festas tanto em Copacabana como em Madureira (residência dos avós), funciona, de fato, como um ritual integrador. Depois de alguns meses, o pai morre e, com sua parte da herança, o filho amplia seu negócio em Botafogo e abre uma nova loja em Copacabana, convidando seu tio e antigo sócio para novamente se associarem. Assim, cada qual tem uma loja independente e em uma terceira são sócios. É interessante chamar atenção de que nessa etapa final há uma versão, sendo a família espírita, de que o espírito do pai teria se manifestado em um centro, aconselhando a união de sobrinho e tio. Um dado a mais, no processo de afastamento da família, tinha sido um aparente abandono, por parte do sobrinho, de sua participação em centros espíritas. Não posso precisar em que exato momento, mas, de qualquer forma, entre o nascimento do filho e a morte do pai, o comerciante passa a freqüentar novamente um centro espírita mas agora na Zona Sul e não mais aquele freqüentado por sua família de origem.

É evidente que, como toda narrativa antropológica, esta é uma interpretação mais ou menos esquemática de um conjunto complexo de fatos e acontecimentos em que os diferentes atores envolvidos privilegiam ou enfatizam aspectos particulares. Mas, na minha análise, quero chamar atenção para uma certa direção do drama. De início, temos um jovem que não só é apoiado por parentes mas, enquanto parte de uma rede de parentesco propriamente dita, dá início a uma trajetória profissional. É como filho e sobrinho ligado a essa rede de parentes e vizinhos em Madureira que ele inicia seus negócios. De certa forma estava englobado por uma unidade maior. É bem-sucedido e adquire *prestígio* associado a esse grupo de pessoas que o valoriza e de onde vem aprovação e incentivo. Há um momento, no entanto, em que se autonomiza, sai do bairro, rompe a sociedade e afasta-se dos parentes e vizinhos, fundando, através do casamento, sua família nuclear. *Ascende*, mudando-se para Copacabana, tendo loja própria, ganhando mais dinheiro e alterando seus hábitos de consumo e estilo de vida. Seu *prestígio* junto ao grupo de origem é abalado e são levantadas dúvidas quanto ao seu caráter e integridade. O nascimento do filho permite a reconciliação em um movimento em que, de um lado, é reconhecida a importância dos parentes e, do outro, o sucesso do nosso comerciante cuja *ascensão* individualizada pode ser reinterpretada como positiva. Há uma etapa, portanto, em que o prestígio ligado ao grupo e a ascensão enquanto projeto individual aparecem como antagônicos. Em certo nível é o impasse entre um código que privilegia a hierarquia e outro o indivíduo. O *happy end* parece ter sido, no caso, a possibilidade de incorporar o movimento individualizante a uma ordem moral em que o prestígio está associado a certas noções de reciprocidade em que o parentesco exerce papel fundamental. É claro que nem sempre há finais felizes e que a possibilidade de rompimentos definitivos está sempre presente. Não creio que se possa dizer que a hierarquia acabou incorporando o indivíduo através de sua simples reabsorção, pela rede de parentes, pois essa volta se fez a partir de uma renegociação da realidade e redefinição de valores onde a *performance* e a vontade do comerciante foram essenciais. Por sua vez, o individualismo manifestado através da ascensão e do rompimento tem limites claros. A estima social e o reconhecimento do grupo de origem e basicamente o *prestígio* associado não são descartados com facilidade. A versão sobre a manifestação do espírito do pai em um centro permite especular sobre a importância das crenças no sobrenatural enquanto demarcadoras de valores e atitudes nesse segmento da sociedade brasileira.

A construção da identidade do comerciante em pauta é um processo complexo de idas e vindas, pautado pelas tensões entre dois modelos básicos cuja complementariedade é problemática e que apresentam contradições evidentes. A resolução do drama, como todo *happy end*, deve ser vista com reservas e como uma possibilidade entre outras. Em todo o caso fica a reflexão sobre certo padrão de encaminhamento de conflito em que, através da distinção entre *prestígio* e *ascensão* sociais, talvez seja possível captar problemas peculiares às camadas médias, se não à sociedade brasileira como um todo.

Assim, vale a pena analisar mais sistematicamente certas possíveis peculiaridades desse sistema cultural e sua atualização em diferentes contextos. Parece-me que pensar as relações entre individualismo, prestígio e ascensão social pode permitir-nos vê-lo operando em domínios e planos distintos. No caso em pauta sugiro que estamos lidando com um sistema que apresenta hierarquia e individualismo como ordens simbólicas alternativas, ora complementares, ora contraditórias. Por isso mesmo, as próprias noções *hierarquia* e *individualismo* passam a ter conotação específica, diferente, creio, de situações estudadas por Louis Dumont. O universo moral é permanentemente problematizado devido à alternatividade mencionada. Esta talvez seja sua principal característica, expressando-se nas biografias e trajetórias através de crises e dramas sociais. Os *individualismos* mencionados referem-se a paradigmas diferenciados, fundamentais para a construção e elaboração social da realidade.

REFERÊNCIAS BIBLIOGRÁFICAS

ABREU FILHO, Ovídio. 1980. *Raça, sangue e luta: identidade e parentesco em uma cidade do interior.* PPGAS/Museu Nacional. (Dissertação de Mestrado).

BARDY, Gustave. 1948. *L'Église* et *les derniers romains.* Paris. Robert Lafont, 8ª ed.

BARTH, Fredrik. 1970. *Ethnic groups and boundaries; the social organization of culture difference.* Bergen, Oslo, Universitetorferloget.

BECKER, Howard S. 1977. *Uma teoria da ação coletiva.* Rio, Zahar.

_____. 1963. *Outsiders: Studies in the sociology of deviance.* Nova York.

CARDOSO DE OLIVEIRA, Roberto. 1976. *Identidade, etnia e estrutura social.* São Paulo, Pioneira.

CAVALCANTI, Maria Laura, Franchetto, Bruna e Heilborn, Maria Luiza. 1981. "Antropologia e feminismo". *in Perspectivas antropológicas da mulher* 1. Rio. Zahar.

DUARTE, Luiz Fernando Dias. 1980. "O culto do Eu no templo da razão". PPGAS/Museu Nacional. (Trabalho datilografado.)

DUMONT, Louis. 1966. *Homo hierarchicus.* Paris, Gallimard.

_____. 1977. *Homo aequalis.* Paris. Gallimard.

_____. 1971. "Religion, politics and society in the individualistic universe", *in Proceedings of the Royal Anthropological Institute.* Londres.

_____. 1975. "On the comparative understanding of non-modern civilizations". Daedalus.

FRY, Peter Henry e Howe, Gary Nigel. 1975. *Duas respostas à aflição: umbanda e pentecostalismo.* São Paulo, Debate e Crítica.

GOFFMAN, Erving. 1980. *Estigma: Notas sobre a manipulação da identidade deteriorada.* 3ª ed., Rio, Zahar.

GUIMARÃES, Carmem Dora. 1977. *O homossexual visto por entendidos.* Rio, PPGAS/ Museu Nacional. (Dissertação de mestrado.)

MAUSS, Marcel. 1968. "Une catégorie de l'esprit humain: la notion de personne, celle de 'moi', un plan de travail", *in Sociologie et anthropologie.* Paris, PUF.

PARK, Robert E. 1925. "The city: suggestions for the investigation of human behavior in the urban environment", *in* Park, R.E., Binges. E.W. e McKenzie, R.D. *The city.* The University of Chicago Press.

PERISTIANY, J.G. e outro. 1971. *Honra e vergonha – valores das sociedades mediterrânicas.* Lisboa. Gulbenkian.

ROSEN, Lawrence. 1979. "Social identity and points of attachment: approaches to social organization", *in* Clifford Geertz, Hildred Geertz e Lawrence Rosen, *Meaning and order in Morrocan society.* Cambridge University Press.

SIMMEL, Georg. 1979. "A metrópole e a vida mental", *in* Velho. Otávio G., *O fenômeno urbano.* 4ª ed., Rio, Zahar.

SCHUTZ, Alfred. 1970. "The problem of social reality", *in Collected Papers.* The Hague, Martius Nijhoff, vol. I.

_____. 1979. *Fenomenologia e relações sociais.* Rio, Zahar.

VELHO, Gilberto. 1978. *A utopia urbana: um estudo de antropologia social.* 3ª ed. Rio, Zahar.

_____. 1975. *Nobres e anjos: um estudo de tóxicos e hierarquia.* São Paulo. (Tese de Doutoramento apresentada à Faculdade de Filosofia, Letras e Ciências Humanas da USP.)

WEBER, Max. 1967. *A ética protestante e o espírito do capitalismo.* São Paulo, Pioneira.

capítulo 3 | Duas Categorias de Acusação na Cultura Brasileira Contemporânea*

A noção de que sistemas de acusação podem desempenhar *funções* de delimitar fronteiras e exorcizar dificuldades não é necessariamente "funcionalista", na medida em que não exista um compromisso com a idéia de que estabilidade, harmonia e integração são fenômenos *naturais* ou *normais*. Ao se perceber a vida social como um *processo*, contraditório e complexo, em que a realidade tem de ser permanentemente negociada por diferentes atores, a possibilidade do conflito e da disrupção perde o seu caráter *catastrófico* e *anormal* para ser encarada como mais um fenômeno a ser pesquisado. É dentro dessa perspectiva que se pode estudar um sistema de acusações como uma estratégia *mais ou menos consciente* de manipular poder e organizar emoções, delimitando fronteiras. O grau de consciência envolvido é uma questão empírica a ser verificada em cada caso.

Na sociedade complexa moderna a categoria de *doente mental* tem sido das mais acionadas enquanto *categoria de acusação*, legitimando visões de mundo (ver, por exemplo, Foucault, especialmente 1961) e "explicando o inexplicável" (ver Scheff, especialmente 1966). É interessante observar que trata-se de acusação com alto poder de contaminação, nem sempre aparecendo isolada e explicitada mas muitas vezes misturando-se com outros tipos de acusação. Uma vez explicitada, implica elaborado ritual de exorcização envolvendo todo um aparato institucional legitimado por um *saber oficial*, res-

---

* Agradeço à Editora Campus por autorizar a inclusão deste texto, publicado anteriormente em *Sociedade e doença mental* (coordenador: Sérvulo Figueira, Rio, 1978).

paldado pela lei e pela possibilidade da coerção do aparelho de Estado. Nada disso é novidade, mas cumpre estar atento e investigar como, concretamente, em contextos específicos certos comportamentos são estigmatizados e determinados indivíduos acusados.

Na sociedade brasileira contemporânea há, pelo menos, dois tipos de acusação em que se pode perceber como a idéia de doença mental *funciona* como elemento explicativo e exorcizador. São as categorias de *drogado* e *subversivo*. Ambas as acusações têm sido feitas, predominantemente, a indivíduos jovens, o que assinala claramente uma fronteira *etária*, *geracional*, aparecendo portanto, a clássica situação de tentativa de uma geração mais velha exercer o *controle social* sobre grupos mais jovens. Acho importante, no entanto, ao se discutir o grau relativo de *consciência* e *deliberação* envolvidos nesse processo acusatório, não cair num esquema *ultraracionalista* que ignore o fato de estarmos lidando com *emoções* e não apenas com *interesses* claros e objetivos. Ao frisar isso, admito que eu próprio em trabalhos anteriores possa ter deixado um tanto de lado essa dimensão. É fundamental, no entanto, retomar o problema, pois os atores envolvidos, socializados e participantes de determinado *código cultural* acreditam e vivem uma escala de valores, uma visão de mundo e um ethos particulares. Portanto suas motivações não são apenas a manutenção de posições privilegiadas, a manipulação e exercício do poder, mas também – na realidade nada disso pode ser realmente separado – um *estilo de vida* internalizado através de um conjunto de símbolos socializador. Nesse ponto é importante avaliar como a ciência social pode ajudar na compreensão de um *código de emoções*. Os antropólogos Gregory Bateson e Clifford Geertz exploraram essa área com o conceito de ethos que se contraporia em um a *eidos* e em outro a visão de mundo. Ethos refere-se a estilo de vida, a sentimentos, afetos, estética e etiqueta predominantemente, enquanto *eidos* e/ou visão de mundo aos aspectos de *padronização dos aspectos cognitivos da personalidade dos indivíduos* (Bateson, 1958 e Geertz, 1978). Ainda em termos de emoções a contribuição de Margaret Mead, Ruth Benedict e outros autores ligados ao que se convencionou chamar de *Escola de Personalidade e Cultura* foi importante na medida em que descreveram *modelos* culturais de temperamento, de padronização de emoções, relativizando a psicologia. A noção de ethos como *código de emoções, padrões de afetividade*, parte, portanto, da cultura, trazendo para dentro do campo da discussão antropológica fenômenos antes arbitrariamente excluídos.

Por sua vez, a *teoria interacionista do desvio*, ao focalizar, especialmente através de Howard S. Becker, o problema da acusação de desvio como forma de conflito político, aponta para os mecanismos de poder envolvidos na negociação da realidade, desmistificando os modelos funcionalistas de patologia social (Becker, 1966 e 1977). Dentro do conflito político encontramos também a expressão de modelos culturais contraditórios que se revelam através de *padronizações particulares* dos aspectos afetivos e emocionais dos indivíduos e não apenas através da particularização de interesses materiais propriamente ditos. Nesse sentido a acusação de desvio sempre tem uma *dimensão moral* que denuncia a crise de certos padrões ou convenções que dão ou davam sentido a um estilo de vida de uma sociedade, de uma classe, de um grupo ou de um segmento social específico. O cientista social procura ir além da denúncia moral para perceber as razões políticas que sustentam ou municiam a indignação. Mas, por outro lado, há que se aproximar do código de emoções como um domínio próprio não-redutível a uma ordem de interesses materiais *stricto sensu*. Ou seja, existem universos simbólicos que constituem áreas próprias que, embora ligadas à política, economia etc., expressam necessidades sociais peculiares. Assim a existência de uma ordem moral identificadora de determinada sociedade faz com que o desviante *funcione* como marco delimitador de fronteiras, símbolo diferenciador de identidade, permitindo que a sociedade se descubra, se perceba pelo que não é ou pelo que não quer ser. É evidente, como já foi assinalado, que não é possível deixar de problematizar essa *ordem moral* porque ela é sempre resultado provisório de uma negociação entre forças desiguais e em constante transformação. Mas, mesmo vendo a sociedade *como* um processo político permanente, há que saber identificar certas conjunturas ou períodos em que determinadas crenças, princípios, dogmas, têm uma aceitação maior, um predomínio que não pode ser explicado unicamente através de mecanismos de coerção física material ou mesmo de "manipulação ideológica". Ou seja, há certos símbolos ou conjuntos de símbolos que têm maior eficácia e que apresentam maior capacidade homogeneizadora ou aglutinadora. Cumpre, portanto, contextualizar as acusações específicas.

No caso brasileiro a categoria *subversivo*, bastante utilizada nos últimos anos serve, fundamentalmente, para estigmatizar as pessoas de *esquerda*. A categoria esquerda já pode ser altamente estigmatizadora, dependendo do contexto. Mas *subversivo* em qualquer contexto ameaça a ordem estabelecida, tem conotações de grande periculosidade e violência. Está-se falando, claramente, no domínio *político* em que o *subversivo* desejaria derrubar, fazer ruir o *status quo* para implantar um regime comunista, socialista etc. Por outro lado, dificilmente se imagina que o *subversivo* aja sozinho, ele deve estar organizado, articulado a algum grupo, movimento mais ou menos clandestino. Ele é perigoso porque é uma ameaça política à ordem vigente, deve ser identificado e controlado. Embora *subversivo* seja uma categoria de acusação eminentemente política, contamina outros domínios. Muitas vezes vem acompanhado de *criminoso, ateu, traiçoeiro* etc., com fortes implicações morais. A lógica do discurso acusatório faz com que se passe de uma denúncia política para uma acusação mais globalizadora em que a própria *humanidade* dos acusados é posta em questão. Assim, considera-se que o *subversivo* não está indo apenas contra o governo mas contra a religião, a família, a moral, a civilização, tornando-se um ser *anti-social*. Existe também a idéia de que sua mente é corrompida por agentes externos às fronteiras de sua sociedade, tornando-se *massa de manobra* de interesses "de fora". Ele traz coisas "de fora", *contamina* a sua sociedade com o exógeno, desarruma e desorganiza uma *ordem natural*, com idéias e comportamentos *deslocados* e *disruptivos*. Portanto, ele é um traidor, que renega sua pátria. Por conseguinte, temos um verdadeiro complexo de demonologia em que fica caracterizado um comportamento perigoso, maligno, anormal, doente. Parte-se de uma divergência política e chega-se à caracterização de certos comportamentos como nocivos a toda vida social, sendo, portanto, moralmente condenáveis. O subversivo não traz apenas o mal em si, através de suas hipotéticas ligações com forças malignas externas à sociedade;

de certa forma ele é visto como *possuído* por *ideologias estranhas*, *enfeitiçado* por seres *desumanos* por sua iniqüidade e vileza. Por sua vez, o *subversivo* tem tanto possibilidades de *contaminar* como de *enfeitiçar*. Ele está contaminado e pode passar a doença e ao ser enfeitiçado adquiriu a capacidade de enfeitiçar.

De certa forma, a categoria *drogado* percorre o caminho inverso mas sem que isso signifique um esvaziamento de poder de acusação. Enquanto *subversivo* é uma acusação política que passa a contaminar todo o comportamento, *drogado* é uma acusação moral e médica que assume explicitamente uma dimensão política, sendo, portanto, também uma *acusação totalizadora*. A idéia é que há acusações que são *parciais* porque ficam no nível de segmentos ou aspectos particulares do comportamento enquanto existem outras que contaminam toda a vida dos indivíduos acusados, estigmatizando-os de forma talvez definitiva. Voltando à categoria *drogado* muito acionada atualmente, percebe-se que nesse caso o aspecto de *doença* já é dado, faz parte da própria categoria. Outra forma de acusação é *viciado e doente* referindo-se a pessoa que usa tóxicos. No entanto, mais e mais, dependendo do contexto, a *droga* assume uma dimensão política. O fato de os acusados serem *moralmente nocivos* segundo o discurso oficial, pois têm hábitos e costumes desviantes, acaba por transformá-los em ameaça ao *status quo*, logo em problema político. Já com uma certa constância o problema de drogas aparece associado a um plano *subversivo* de origem externa para minar a juventude brasileira, tornando-a *presa fácil de ideologias exógenas*. A idéia é que a droga enfraquece a moral, fazendo com que os indivíduos sejam mais facilmente seduzidos, corrompidos ou enganados. Portanto a doença interessaria aos inimigos do regime, fazendo com que as categorias *drogado* e *subversivo* possam aparecer emparelhadas. Aí existe uma certa ambigüidade pois pode aparecer o *drogado* como um indivíduo fraco, sem vontade, manipulado pelos traficantes para fins escusos ou então surge o *subversivo-drogado*, que é perigosíssimo, pois encarna todos os males e é um agente consciente de contestação à sociedade. De qualquer forma, seja um *subversivo*, um *drogado*, um *drogado-subversivo* ou um *subversivo-drogado*, estamos lidando com categorias de acusação totalizadoras que atacam a identidade dos acusados de forma radical. Nessa classificação de demônios e forças malignas há que procurar perceber quais são os temas, áreas, domínios relevantes para o processo acusatório. Embora, sem dúvida, nessas situações existam indivíduos ou grupos que se comportam com alto grau de deliberação e bem relativa sinceridade, não se pode partir do princípio de que todas as reações moralistas e de indignação sejam hipócritas ou destituídas de profundas raízes emocionais e afetivas. Por outro lado, a própria participação em *rituais acusatórios* cria ou estimula sentimentos e emoções vigorosas, através da *dramatização* de situações sociais.

Quanto à categoria *subversivo*, trata-se de referência clara ao domínio propriamente *político*, embora, como foi visto, contamine outros domínios. Ou seja, basicamente, liga-se à problemática do Estado e de sua legitimidade. Ameaça a distribuição de poder oficial, institucional e pode ser percebida como perigosa para a própria continuidade da estrutura social. Sua gênese, insisto, se dá, no entanto, no domínio do *político*. A maior ou menor aceitação de *subversivo* como uma categoria significativa dentro da sociedade brasileira dependerá do grau de identificação que os diferentes grupos que compõem essa sociedade possam ter em relação à definição de realidade sustentada pelos que controlam diretamente o Estado.

Já a categoria *drogado* explicita, de imediato, a problemática de patologia individual. O *drogado* seria, por definição médica, um *doente*. A partir daí constrói-se todo um discurso sobre a *anormalidade* do consumo de drogas e sobre as conseqüências nefastas para o indivíduo e para a sociedade desse hábito, vício, dependência etc. Além dos problemas físicos colocados aparece, com todo o vigor, a questão da doença mental. A procura de drogas já indicaria a existência de *problemas psicológicos* graves e a sua utilização agravaria ou criaria novos sintomas de patologia. O *drogado* é questionado diretamente ao nível de sua *moral*. As dimensões básicas envolvidas são suas atitudes e comportamento em relação à *família* e ao *trabalho*. Pode-se dizer que no caso do *drogado* a dimensão de doença mental é colocada imediata e claramente enquanto no caso de *subversivo* ela pode ser acionada em certos contextos, embora a possibilidade esteja sempre presente, inclusive como uma estratégia de defesa, às vezes acionada por familiares ou pessoas próximas ao acusado: "fez isto porque não está bem"; "Os problemas psicológicos levaram a isto" etc. De qualquer forma é um rótulo que quando acionado tem condições de *explicar tudo*, desde uma nota ruim na escola até a participação em uma greve.

Como a *doença mental* dá conta de qualquer coisa, ela pode explicar a *subversão* e a *droga*. As soluções são conhecidas – condenações, punições, perda de direitos, internamento em vários tipos de instituição etc.

As noções de drogado e doente mental vêm tão imbricadas que mesmo pessoas ditas "de esquerda", "progressistas" etc. assumem o discurso médico oficial que estigmatiza e discrimina violentamente o uso de tóxicos. É interessante mostrar que aparece também uma linguagem *nacionalista* que situa o tóxico como algo que vem "de fora", mas, no caso, como resultado de um processo de alienação dos jovens diante da cultura e ideologia de *países capitalistas decadentes*. Mais uma vez reage-se não apenas contra o tóxico mas contra um estilo de vida real ou suposto em que "*hippie*", "música *pop*", "*surf*" etc. são encarados como ameaça à *autenticidade* da *cultura* popular brasileira, em que samba, futebol, cachaça e mulata seriam os temas e objetos legítimos de fruição. A idéia de *autenticidade* liga-se a *naturalidade* e a *normalidade*. Autêntico é o *natural* e o que não é *natural* pode ser estranho, artificial, alienado, doente etc. Nesse sentido a retórica de esquerda pode-se emparelhar à retórica oficial como veículo de acusação e discriminação de estilos de vida e visões de mundo *desviantes*. Portanto, embora no discurso político apareça uma oposição ao sistema dominante, no nível do cotidiano e dos costumes predomina o *código de emoções* tradicional em que foram socializados tanto os indivíduos de *direita* como os de *esquerda*, não sendo possível distinguir muitas vezes as suas reações. Os temas cruciais mobilizados remetem direta ou indiretamente à questão da *família* como unidade reprodutora da vida social em torno da qual são erigidos padrões morais, sexuais. O que amedronta fundamentalmente no caso da utilização de tóxicos é ameaça real ou fantasiosa a uma visão de mundo em que o casamento (mais ou menos formalizado), a heterossexualidade e a reprodução dentro da família são as âncoras fundamentais para a construção de um cotidiano. É claro que estamos nos referindo a padrões dominantes na sociedade ocidental moderna e não apenas no Brasil. Mas o que está em jogo é a maior ou menor flexibilidade de culturas e sociedades nacionais específicas no lidar com diferenças internas. Colocando de outra forma, trata-se de perceber que tipo de coesão ideológica ou cultural é exigida ou imposta por grupos sociais que detenham parcelas ou tipos específicos de poder. Ou ainda como é possível na sociedade complexa moderna a criação de pactos e negociações que possibilitem a coexistência e convivência de grupos, estilos de vida, ethos, visões de mundo diferenciados, levando em conta que essa diferenciação parece fazer parte da própria natureza dessa sociedade, seja ao nível da especialização e divisão social do trabalho, seja ao nível da heterogeneidade cultural (apesar da cultura de massas). Na sociedade moderna, complexa e heterogênea, através da diversificação de experiências e informações, há sempre a tendência de uma proliferação maior de pontos de vista, perspectivas, avaliações do que em sociedades simples ou até em sociedades complexas tradicionais, onde, mesmo havendo o dissenso, os desvios, as divergências etc., a negociação da realidade tenderia a ser realizada tendo como base maior homogeneidade de experiências. Outra maneira de argumentar seria mostrar que o importante não seria tanto ou apenas o fato de haver menos diversidade em outros tipos de sociedade, mas sim a menor necessidade de marcar enfaticamente as diferenças, de criar nichos especiais, de *normalizar.* Estas seriam características sobretudo da sociedade complexa moderna e, ao mesmo tempo, o seu grande paradoxo, pois, gerando a diferenciação, não consegue conviver com ela a não ser através de mecanismos discriminatórios. Daí a coerção normalizadora, a repressão institucional, a fabricação ininterrupta de *desviantes.* Existem, no entanto, diferenças *entre* as sociedades complexas e o grau de dogmatismo e autoritarismo pode variar bastante. Há explicações ao nível da história das sociedades e das culturas propriamente ditas para dar conta dessa variação. No caso do Brasil há uma linha de trabalho que mostra a tradição de centralização autoritária, remontando a Portugal, apontando o Estado como entidade todo-poderosa, regulando e fiscalizando em detalhes a chamada sociedade civil (ver, por exemplo, Faoro, 1975). Por outro lado, ao nível da própria cultura os princípios *hierarquizadores* seriam cruciais para a constituição da vida social, fazendo com que a sociedade capitalista clássica com classes sociais jamais se realizasse efetivamente em uma cultura em que a linguagem da hierarquia é fundamental, em que as categorias sociais seriam especialmente rígidas e as áreas de manobra e liberdade individual bastante estreitas (ver Da Matta, 1977). De uma forma ou de outra, no caso brasileiro, tanto a natureza do Estado como da cultura (obviamente relacionadas), não seriam propícias para a legitimação da diversidade. Teríamos, portanto, uma estrutura social marcantemente rígida com normas e regras bastante estritas, com um forte controle social sobre o comportamento dos indivíduos. A família, especialmente, desempenharia essa função ao nível do cotidiano e das biografias, atualizando o *código de emoções*. Daí a sua centralidade, o seu caráter de foco legitimador de sociabilidade. É, portanto, ao nível do desempenho dos papéis familiares de pai, esposo, filho, mulher, avô etc. que se dá a socialização contínua (e não apenas na infância) nos aspectos afetivos e emocionais da cultura. Tudo, portanto, que perturbe ou torne ambíguos os desempenhos desses papéis ou os projetos a eles associados é visto como altamente perigoso.

O *trabalho* constitui o outro tema crucial para a criação de áreas perigosas e comportamentos disruptivos. O *drogado* é visto como o indivíduo que foge às suas obrigações ou as cumpre mal, sendo, portanto, um elemento improdutivo e parasitário. Acredita-se que a droga incapacita ou diminui vontade e competência. Numa sociedade em que se dá grande ênfase ao desenvolvimento e crescimento econômicos, o uso de tóxicos, especialmente em grupos sociais com fortes projetos de ascensão social, é encarado como impeditivo ao progresso e à acumulação. A violência da reação será melhor compreendida na medida em que se perceba a visão de mundo e o ethos dos grupos sociais e famílias portadoras de uma ideologia produtivista. A ansiedade causada pelo receio de cair ou ver interrompido um projeto de ascensão social pode provocar um estado de desorganização e crise emocionais muito grandes, levando a choques e conflitos de grande dramaticidade (ver Velho, 1976). O *subversivo*, por sua vez, ameaça as regras vigentes quanto ao trabalho, a repartição de riquezas e a organização da produção propriamente dita. Não é visto, portanto, como sendo contra o trabalho mas sim contra as regras, a maneira de se realizar o processo produtivo. De qualquer forma o *drogado* e o *subversivo* ameaçam, embora de forma diferente, a reprodução da sociedade tanto ao nível da família como do trabalho.

A *doença mental* na nossa sociedade é a categoria mais abrangente que classifica os comportamentos perturbadores, permitindo o mapeamento e, portanto, um controle sobre os desvios. O *drogado* e o *subversivo* estão implícita ou explicitamente acusados de doença, pois, ao questionar os domínios e criticar os papéis, põem em dúvida uma ordem e concepção de mundo que devem ser vistas como naturais e indiscutíveis.

REFERÊNCIAS BIBLIOGRÁFICAS

BATESON, Gregory. 1958. *The Naven.* Stanford University Press.

_____. 1972. *Steps* to *an ecology of mind.* Ballantine.

BECKER, Howard S. 1966. *Outsiders.* Macmillan Co. The Free Press.

_____. 1977. *Uma teoria da ação coletiva,* Rio, Zahar.

DA MATTA, Roberto A. 1974. "Constraint and licence: a preliminary study of two Brazilian national rituals". Nova York, Werner Green Foundation for Anthropological Research.

FAORO, Raymundo. 1975. *Os donos do poder.* Editora Globo/USP.

FOUCAULT, Michel. 1961. *Histoire de la folie.* Paris, Plon.

VELHO, Gilberto. 1976. "Accusations, family mobility and deviant behavior", *in Social Problems,* 23 (3), p.268-75, fevereiro.

capítulo 4 | Parentesco, Individualismo e Acusações*

I.

Escrevi três artigos sobre *acusações*.[1] Todos tinham como pontos de partida problemas específicos da sociedade e cultura brasileiras. Pretendi contribuir, com os trabalhos realizados, para a elaboração de uma *teoria de acusações* propriamente dita.

Examinei situações de interação social com atores específicos envolvidos em processo de negociação e definição da realidade. A idéia básica é a de que situações de impasse *podem* desencadear conflitos sob a forma de acusações, constituindo-se em movimento dramático de tentativa de controle social. Nesse sentido, o meu trabalho encontrava-se, de um lado, indissoluvelmente ligado a uma teoria do desvio, particularmente a obra de Becker e, de outro, a uma tradição antropológica, especialmente aquela voltada para o estudo de feitiçaria e bruxaria.[2] Busquei, através do estudo de casos especí-

---

* Agradeço à Editora Campus por autorizar a inclusão deste texto, publicado anteriormente em *Família, psicologia e sociedade* (coordenador: Sérvulo Figueira, Rio, 1981.)

1. "Accusations, social mobility and deviant behavior", *in Social Problems*, v. 23, 3 de fevereiro de 1976; "Acusações: projeto familiar e comportamento desviante", *in Boletim do Museu Nacional*. Nova Série, Antropologia nº 28, junho de 1978; "Duas categorias de acusação na cultura brasileira contemporânea", *in Sociedade e doença mental*. Rio. Campus, 1978. (Capítulo III deste livro.)

2. As principais obras de Becker são: *Outsiders*, Nova York, Free Press, 1963; *Sociological work*. Transaction Books, 1977; *Uma teoria da ação coletiva*. Rio, Zahar, 1977. Sobre a tradição antropológica ver especialmente: E.E. Evans Pritchard. *Wirchcraft, oracles and magic among the Azande*. USA, Oxford University Press, 1968 [Ed. bras.: *Bruxarias, oráculos e magia entre os Azande*, Rio, Zahar, 1978, ed. resumida.! e Mary Douglas (org.), *Witchcraft, confessions and accusations*. Tavistock Publications. ASA, 1970.

ficos, identificar que valores e normas informavam e permeavam as visões de mundo dos atores – indivíduos ou grupos – em processo de interação. Quero enfatizar a importância que dou a pesquisas de situações particulares e delimitáveis. É muito comum no Brasil a generalização fácil, seja através da seleção de alguns elementos que confirmam esquemas apriorísticos, seja através da aplicação mecânica de teorias geradas em outros contextos sócio-culturais. Daí o caráter crucial da observação participante, das entrevistas, das histórias de vida, do acompanhamento e da etnografia cuidadosas. Sem isso, por mais sofisticada que seja a teoria de que se parta, por mais entusiasmo que se tenha por seu aparente poder explicativo, estar-se-á sempre correndo o risco da precipitação e da superficialidade intelectuais.

Examinei mais detidamente acusações que surgem em *famílias de camadas médias urbanas*. Mostrei como, nos casos estudados, se tratava de famílias com uma clara trajetória de ascensão social, acompanhada de um projeto, em certos casos, bastante explicitado e elaboradamente verbalizado. Eram basicamente famílias nucleares – pai, mãe e filhos – embora a noção de trajetória implique uma construção de identidade que envolve não só diferentes gerações mas também outros parentes que funcionam como referência e comparação. As acusações davam-se preponderantemente dentro da família nuclear, embora, em certas situações, avós, tios, primos, fossem também envolvidos como aliados de um ou outro ator. Mas em termos de desencadeamento de processo a acusação era formulada por um pai ou ambos, contra um filho(a).

II.

O lugar da família e do parentesco em geral no sistema de representação e sua importância ideológica na sociedade brasileira ainda é área bem pouco explorada. Encontra-se disseminada em nossos meios intelectuais uma utilização simplificada de esquemas psicanalíticos. Assim, a problemática do parentesco tende a ser reduzida e veiculada através de uma linguagem psicologizante que tem como foco a família nuclear tomada como fato universal e natural. Em alguns casos há uma tentativa de integração ou incorporação de elementos de uma sociologia preocupada com o problema da dominação e do poder. Sem dúvida, às vezes, esse esforço produz resultados intelectualmente compensadores. Em certa medida a antipsiquiatria e outros movimentos paralelos também ampliaram a anterior estreiteza de um ortodoxo discurso centrado no tema de patologia individual. Nesse sentido, estabelece-se, de alguma forma, uma tentativa de aproximação com as ciências sociais. Creio que a maior contribuição destas, particularmente, da antropologia, é procurar contextualizar a família no quadro mais amplo do universo de representações e da cultura propriamente dita.[3] O estudo de acusações e de sua lógica, por exemplo, pode permitir uma entrada no complexo conjunto de símbolos associados ao tema e à idéia de família. Nesse sentido, aparecem, de imediato, vínculos com os domínios da moral, da política, da religião e da mitologia. Ou seja, as categorias associadas ao domínio da família e parentesco imbricam-se, estão muitas vezes associadas e são inseparáveis de outros domínios e esferas da cultura.[4] O *significado* de família para um grupo social ou universo particular está vinculado a outros *significados* e supõe-se, falando de cultura, que de alguma forma estes constituem um todo mais ou menos sistemático embora não necessariamente ajustado ou harmonioso. Isso também chama a atenção para a dimensão inconsciente de grande parte dos fenômenos culturais quando os atores – indivíduos ou grupos – não *sabem* no sentido de *ter consciência* da existência de todas essas ligações e associações que deverão ser procuradas pelo pesquisador.[5] Mas o outro lado da moeda, fundamental para o problema das acusações, é verificar a percepção que os atores têm de suas circunstâncias. Ou seja, nem robôs inteiramente programados e comandados por princípios e mecanismos

3. Dentro dessa linha, um bem-sucedido exemplo de trabalho antropológico é o artigo de Ovídio de Abreu Filho, "Parentesco como sistema de representações: um estudo de caso", a ser publicado.

4. Remeto às obras de Émile Benveniste e Georges Dumézil, para exemplificação.

5. Obviamente, a obra de Lévi-Strauss e a lingüística moderna são fundamentais para essa colocação.

inconscientes nem o livre arbítrio do indivíduo-sujeito que molda e faz a sua vida sem limitações, no reino da total liberdade cognitiva e existencial. Para tentar dar conta do problema dos limites e, ao mesmo tempo, procurando não ignorar a margem de manobra possível dentro da sociedade é que tenho utilizado a noção de campo de possibilidades:

> De qualquer forma, o projeto *não* é um fenômeno puramente interno, subjetivo. Formula-se e é elaborado dentro de um *campo de possibilidades*, circunscrito histórica e culturalmente, tanto em termos da própria noção de indivíduo como dos temas, prioridades e paradigmas culturais existentes. Em qualquer cultura há um repertório limitado de preocupações e problemas centrais ou dominantes (ver capítulo I.)

O Projeto dá ênfase à dimensão mais consciente da ação social. Implica algum tipo de avaliação, uma estratégia, um plano para realizar certas metas, uma noção de tempo com etapas se encadeando. O projeto individual propriamente dito constrói-se através de uma idéia mais ou menos elaborada de biografia, de uma história de vida. Nem todas as culturas desenvolvem uma ideologia individualista nos termos do Ocidente moderno, como demonstrou Dumont.[6] Dentro da própria sociedade moderna há fortes descontinuidades e diferenças em termos de ênfase no indivíduo enquanto sujeito e unidade social significativa. Tudo isso é importante para retomar a questão das acusações dentro das famílias mencionadas.

III.

Resumindo os pontos essenciais dos conflitos e acusações, fica claro que os pais tinham expectativas e um projeto claro que estendiam a seus filhos.[7] Basicamente esperavam que a família continuasse

6. Ver, principalmente, suas obras *Homo hierarchicus* e *Homo aequalis*.

7. Utilizo a noção de projeto basicamente a partir da obra de Alfred Schutz. Ver, especialmente, "The problem of social reality", *in Collected Papers*. Haia, Martinus Nijhoff, 1970, v. I. [Ed. bras.: *Fenomenologia e relações sociais* (org. e introd. de Helmut R. Wagner). Rio, Zahar, 1979.)

ascendendo socialmente, prosperando e aumentando seu *status*. Esse processo se deu dentro de uma conjuntura histórica que reforçava o *projeto individualizante de família nuclear* com a ampla veiculação de uma propaganda que enfatizava o consumo e o sucesso material, fosse diretamente por parte do Estado, fosse por grandes empresas, do chamado "milagre brasileiro". É quando insistentemente se enfatiza e se constrói o modelo de família que compra, investe, viaja etc. Poder-se-ia dizer que é configurada com nitidez o que deveria ser uma família brasileira em uma sociedade capitalista moderna. É evidente que essas imagens e idéias não nasceram da noite para o dia nem foram produto sinistro de mentes maquiavélicas pós-1964, como já comentei em um dos trabalhos citados.[8] Mas existia um forte vínculo entre essa ideologia modernizante capitalista e a visão de mundo das famílias estudadas. Talvez expressem mesmo um caso limite dentro do universo social brasileiro enquanto um segmento que viveu intensa e dramaticamente a problemática da ascensão e do sucesso material no final dos anos 1960 e início da década de 1970. Acredito que uma das características mais fortes e peculiares tenha sido a radical *nuclearização* por que passaram essas famílias com um nítido enfraquecimento de seus laços com o universo mais amplo de parentes. A família nuclear passa a ser um verdadeiro indivíduo-coletivo dos termos de Dumont.[9] Conseqüentemente, restringiu-se a sociabilidade de que fala Ariès,[10] diminuindo o espaço social. Estreitou-se a rede de relações sociais e houve uma alta densificação e concentração de interações sociais e afetivas no limitado âmbito da família nuclear. O controle social por parte dos pais exerceu-se cada vez com maior vigor, desaparecendo ou tornando-se menos significativas as presenças de outros adultos. As exigências e expectativas em relação aos filhos expressavam-se com muita clareza e explicitação. Obviamente a dependência entre os membros do grupo familiar tende a ficar maior à medida que se

8. Ver "Duas categorias de acusação na cultura brasileira contemporânea". (Capítulo III deste livro.)

9. Ver, além dos trabalhos já mencionados, seu recente artigo "Peuple et Nation chez Herder et Fichte", *in Libre*, 79-6. Paris, Payot.

10. Ver Ariès, Philipe, *História social da criança e da família* Rio, Zahar, 1978.

diluem e rareiam os contatos com outros parentes, vizinhos e com o enfraquecimento de laços de solidariedade mais diversificados.

Todas as famílias moravam, na época da pesquisa,[11] em apartamentos da Zona Sul do Rio de Janeiro – Copacabana, Ipanema, Leblon, basicamente. Em geral eram do tipo anunciado como "classe A" – salão ou duas salas, três ou quatro quartos, dois banheiros, dependências completas. Havia, pelo menos, uma empregada doméstica permanente, em geral duas e, em alguns casos, três. Os pais eram profissionais liberais de sucesso, com propriedades e rendas que os colocariam, pelo menos, nos níveis mais elevados das camadas médias. O estilo de vida implicava despesas elevadas com os filhos, como colégios particulares caros, cursos de ginástica, balé, judô, inglês etc. A maior das famílias estudadas tinha cinco filhos mas as outras giravam em torno de dois ou três. A idade variava entre 12 e 25 anos, enquanto os pais tinham entre 40 e 60 e poucos. Tentando reconstituir os vários episódios que envolveram acusações relacionadas a saúde, equilíbrio e normalidade mentais e emocionais, consegue-se detectar certos padrões e recorrências. O desinteresse pelos estudos ou os maus resultados obtidos sempre aparece como um dos primeiros elementos a serem detectados como sinal de que "algo não vai bem". O afastamento de casa, passar grande parte do dia (sempre segundo a ótica dos pais) com amigos, faltar às reuniões familiares, rompimento com os horários vigentes, forma de vestir, tamanho e corte de cabelo etc. também aparecem em praticamente todos os casos como sinais que são interpretados e manipulados, mais cedo ou mais tarde, para reforço da acusação. É interessante verificar como *a posteriori* fatos que não haviam, na ocasião, provocado maiores reações passam a ser apresentados como agravantes. Finalmente, o uso de tóxicos e o comportamento sexual em desacordo com os padrões paternos são as peças definitivas de acusação. Na época da pesquisa o tóxico mais usado pelos jovens em pauta era a maconha. Alguns foram surpreendidos fumando em casa, em outras situações restos de cigarro ou vestígios eram descobertos. Essas "descobertas" não se davam necessariamente por acaso, mas, muitas vezes, pelas palavras

---

11. Embora eu tenha ainda acompanhado e mantido contato com várias das famílias, a pesquisa básica foi realizada em 1972-1975.

dos próprios pais, eram resultado de minuciosas pesquisas e investigações. Ou seja, a vigilância e a atenção sobre os filhos proporcionavam situações em que estes se viam expostos. Não vou entrar em hipóteses psicologizantes a respeito da possibilidade de os próprios jovens se denunciarem inconscientemente ou procurando agredir os pais, deixando propositalmente vestígios e traços do uso de maconha. O fato é que a "descoberta" constituiu-se sempre em momento fundamental do processo acusatório. A maconha foi vista e definida pelos pais, ao mesmo tempo, como sintoma e causadora de desequilíbrio mental que explicaria o comportamento "rebelde", "estranho" e "incoerente" de seus filhos.[12] Quanto ao comportamento sexual, salta aos olhos a diferença de tratamento entre homens e mulheres. Estas eram mais controladas e vigiadas. A suspeita da perda de virgindade, a fiscalização contra qualquer indício de algo que pudesse ser classificado como "tendência à promiscuidade" expressava, nitidamente, o maior controle exercido sobre o corpo e a sexualidade femininos. No caso dos jovens, enquanto fossem heterossexuais não havia maiores problemas. A possibilidade da homossexualidade era claramente vivida pelos pais como terrível ameaça, provavelmente maior do que no caso das mulheres. Nesse sentido, "más companhias" eram sempre percebidas como capazes de contaminar os filhos, fosse através de iniciação aos tóxicos, fosse através de exemplos e sugestionamento a comportamento sexual fora dos padrões e expectativas paternos. Assim, mesmo a sexualidade e vida afetiva dos homens sofria interferência vigorosa, na medida em que suas namoradas e amigas pudessem ser vistas como poluidoras. Todo o quadro acima descrito é bastante comum entre famílias de camadas médias urbanas cariocas e de outras grandes cidades brasileiras. Muitas das experiências narradas aparecem recorrentemente em termos do que se consagrou chamar de "conflito de gerações", *generation gap* etc. O fato que particulariza o grupo de famílias estudadas é a *acusação de doença mental* dirigida contra os filhos. De uma forma ou de outra estes acabavam encaminhados para tratamentos psiquiátricos, sendo que a maioria esteve internada em clínicas por períodos mais ou menos longos. Todos foram tratados com remédios além de te-

12. As palavras e expressões entre aspas são do próprio discurso dos atores envolvidos.

rapias que, pelo menos pelas informações obtidas, seriam de base analítica. A minha atenção foi despertada por um caso envolvendo pessoas conhecidas e, a partir daí, estudei mais detidamente pelo menos 15 famílias que se enquadravam no modelo descrito. Como faço sempre questão de frisar, não tenho competência para discutir sintomatologia em termos psiquiátricos nem jamais pretendi fazer isso. Mas, como antropólogo, fica evidente uma série de características sociológicas que solicita uma análise que não esteja exclusivamente centrada nos indivíduos classificados como doentes, perturbados, psicóticos etc.

IV.

Como já foi dito, as famílias nucleares em pauta tinham um projeto claro em que a ascensão social era o valor básico. A maioria das trajetórias indicava um afastamento tanto em termos físico-espaciais como em termos sociais propriamente ditos do universo mais amplo de parentes. Sem dúvida, a geração dos avós tinha dado passos decisivos em termos de estabelecimento de uma situação econômica e base material que permitissem a seus filhos (pais dos jovens acusados) ascenderem socialmente de maneira mais nítida. Esse percurso fez-se, no entanto, de modo desigual. No processo de individualização que se deu a partir da família tradicional original, alguns filhos tiveram carreiras cujo sucesso foi indiscutivelmente superior. Apenas para citar um exemplo: em uma família de três filhos, enquanto um se tornou um profissional liberal rico e famoso, seus dois irmãos mantiveram um padrão de camada média mais modesta como funcionários públicos. Uma irmã casou-se com um militar, não seguindo nenhuma profissão. A trajetória do profissional liberal é de contínuo e progressivo afastamento da rede de relações familiares, aproximando-se dos colegas de profissão e estreitando laços de amizade com pessoas cujas posições sociais eram superiores às de sua família de origem. É certo que sempre manteve relações com esta através de participação em ocasiões especiais e rituais como aniversários, enterros, batizados etc. Fica evidente também que mesmo essa participação tendeu a diminuir com o passar dos anos. Nesse processo de individualização o projeto individual se corporifica através da família nuclear. É a partir sobretudo de seu casamento e dos filhos que seus planos e objetivos a longo prazo ganham uma dimensão de continuidade temporal que, de certa forma, transcende sua própria existência pessoal. A família é representada, como já foi dito, como uma espécie de indivíduo-coletivo. Nas palavras do entrevistado:

> Sempre vi nos meus filhos a continuação do que havia de melhor em mim. Sempre achei que meu trabalho e meu esforço não se perderiam com a minha morte se meus filhos soubessem aproveitar as oportunidades. Dediquei-me a minha família sempre pensando no futuro.

É interessante perceber as nuanças e a ambigüidade do discurso e da trajetória. Num movimento o indivíduo se destaca de sua família de origem, de seu universo de parentes. Em seguida funda a *sua família.* Quando utiliza essa categoria está se referindo ao seu casamento e a seus filhos. É claro que em outros contextos *família* poderá se referir ao seus pais, irmãos, tios e até a círculos mais amplos. Mas, na situação de acusação, família sempre é a sua família nuclear. As pessoas acusadas não são irmãos, nem primos ou cunhados, mas os *filhos enquanto parte do indivíduo-coletivo.* Estes carregam toda a responsabilidade pelo sucesso e prestígio da família. Creio que isso não significa, ao contrário do que se poderia pensar à primeira vista, um momento de desindividualização realizado através da *família nuclear*, mas, pelo contrário, uma ênfase em um projeto individual que para se expressar necessita o espaço mínimo fornecido por casamento, mulher e filhos. Ou seja, a ideologia do individualismo não precisa manifestar-se exclusivamente através de uma linguagem que só fale ou valorize o indivíduo biológico propriamente dito. No caso, o mais importante é a relação entre o indivíduo pensado enquanto sujeito e biografia e a família nuclear tomada como indivíduo coletivo, como uma entidade individualizada. É dentro e a partir desta, portanto, que se desenvolvem as relações e dramas psicológicos e sociais mais significativos. O mundo só faz sentido e ganha significado tendo a família nuclear como referência e palco central.

Comparando com sociedades tradicionais é interessante ver como não há aqui acusações de mau-olhado e feitiçaria a figuras marginais, vizinhos ou a membros do universo mais amplo de parentes como primos paralelos.[13] A ameaça é vivida como vinda de deficiências psicológicas e morais dos filhos. Isso não significa que não existam acusações contra o "mundo exterior". Este é vivido como permanentemente perigoso e poluidor, mas cabe aos indivíduos que compõem a família nuclear a responsabilidade de enfrentar, defender-se e evitar tais perigos. "Ser irresponsável" é uma acusação que precede ou acompanha explicitamente o estigma da doença mental. Sem dúvida caberia examinar a relação marido-mulher nos casos em pauta.[14] De um modo geral a acusação era iniciada por um membro do par que, mais cedo ou mais tarde, cooptava o outro. Não tenho elementos para dizer se predominava a acusação original vinda do pai ou da mãe. Não vi nenhuma tendência diferenciada mais evidente. Quando se chegava à internação em instituições psiquiátricas, ficava claro que, em geral, havia acordo entre os pais. No máximo um deles mantinha certo alheamento e distância em relação ao processo de acompanhamento e internação, mas não parecia propriamente empenhado em resistir à iniciativa ou estar contra ela. Parece claro que nesses casos, pelo menos, o casal funcionava como unidade real, compartilhando, embora talvez de forma desigual, o projeto e a visão de mundo que procurava impor aos filhos. Estes, por atos e por palavras, rejeitavam os valores paternos. Basicamente, não se interessavam por planos, por metas a longo prazo, e mantinham uma atitude que classifiquei de hedonista. Procuravam usufruir o prazer no presente sem encará-lo como algo só alcançável depois de cumpridos deveres e sacrifícios. Nesse sentido o eventual uso de tóxicos e um comportamento sexual menos convencional eram apenas dois elementos dentro de um estilo de vida que tinha como ênfase principal uma sociabilidade intensa com o grupo de pares. "Viver na rua" significava exatamente isto – a procura de convívio

---

13. Ver os livros de Evans-Pritchard e Mary Douglas citados na nota 2.

14. Sobre a questão da simbiose no casamento, ver Sérvulo Augusto Figueira, *Individualismo e psicanálise*. Tese de Mestrado, Departamento de Psicologia, PUC, Rio, 1978.

com pessoas jovens interessadas em *surf*, música *pop*, em certos casos maconha e, fundamentalmente, em *usufruírem a companhia uma das outras*. Uma palavra muito usada pelos acusados quando falavam de suas famílias era *sufoco*, dizendo que seus pais estavam sempre atrás deles, perguntando e mandando fazer coisas:

> É tudo um sufoco. O velho manda fazer isso. A velha está sempre em cima. Não dá pra respirar. Estudou? Não estudou? Saiu? Com quem? Quem é esse amigo? Tem mesmo que ficar puto.

É interessante a própria idéia de falta de ar e de espaço dentro da família nuclear em que pais e filhos convivem dentro do apartamento que, por maior que seja, é um espaço limitado. A recusa de emparedamento, de reclusão e a valorização da rua, da praia e do mar aparecem como componentes essenciais do ethos desses jovens. A diferença em relação a outras famílias é que as que estou analisando parecem ter levado mais longe o seu processo de isolamento de círculos de sociabilidade mais diversificados. O contato com o universo mais amplo de parentes era raro e, até certo ponto, desvalorizado. Não acredito, em nenhum momento, num processo mecânico e linear de evolução da família extensa tradicional para a família nuclear moderna. Vejo, com a noção de *campo de possibilidades*, a existência de alternativas e de margem de escolha e manobra, em termos de maior peso ou impulso não só em uma das duas direções mas também a viabilidade de encontrar caminhos e soluções que não possam ser encaixados em um dos pólos mencionados. Além das famílias extensa e nuclear existem formas de sociabilidade envolvendo mais ou menos o universo de parentesco. O problema é saber que espaço e legitimidade tais soluções encontram em nossa sociedade.

O desenvolvimento de uma ideologia moderna individualista, em oposição ao holismo da sociedade tradicional,[15] parece-me que deve ser visto, no caso da cultura brasileira, como uma tendência que é matizada em contextos diferenciados de região, grupo étnico, classe social e grupo de *status*. É um processo não-homogêneo e,

15. Mais uma vez remeto à obra de Dumont, especialmente a *Homo aequalis*

em termos de biografias individuais e histórias de vida, há que perceber a ambigüidade e oscilação entre os dois pólos que funcionam, em termos de representação, como balizas e marcos – mas que também não esgotam toda a riqueza das experiências vividas. O destaque do indivíduo como sujeito e unidade social significativa de quadros de sociabilidade mais amplos não deve ser visto como mecânico, linear e, jamais, me parece, como fenômeno acabado. Por exemplo, mesmo no caso de indivíduos que se afastam ou renunciam à família e, de certa forma, na situação que examino, isso se dá tanto na geração dos pais, como na dos filhos, embora em níveis e formas diferentes aquela permaneça como referência fundamental:

> A questão permanente é qual a maior ou menor viabilidade de um projeto individual efetivar-se em função das relações sociais que o contêm? Como resolver a permanente tensão entre aspirações individuais e o caráter englobador, incorporador da família? Por outro lado, como realizar um projeto sem apoio e legitimação dos parentes e familiares? (Capítulo VIII.)

O fato é que na geração dos pais o afastamento se dá em relação a uma família mais aproximada do modelo tradicional, "patriarcal", extensa, com várias gerações habitando a mesma casa ou, pelo menos, morando na vizinhança, com a eventual presença de agregados, fortes vínculos e solidariedade com parentes, mesmo os que sob um prisma moderno seriam considerados mais afastados. O sucesso profissional e o enriquecimento com a conseqüente ascensão social parecem ter sido basicamente legitimados pelos familiares, embora, sem dúvida, com algum ressentimento e rusgas:

> A inveja de parentes é uma coisa terrível. Meus pais sempre demonstraram satisfação com os meus êxitos mas não faltou gente para falar mal de mim. Fui me afastando mesmo. Novos interesses, pessoas de outro nível.

No caso da geração mais nova, a sua opção existencial lúdico-hedonista não só não é aceita como é integralmente repudiada pelos pais. O fato de estes disporem de maior poder sobre os filhos, seja pelo fato de que estes são, em muitos casos, menores, seja através do dinheiro propriamente dito, permite-lhes interferir drasticamente em suas vidas. Afastados de outros adultos, com pouco contato com parentes, o único apoio possível é o de seu grupo de pares que, em princípio, sofre das mesmas carências. Existem mecanismos de solidariedade como abrigar em casa por alguns dias, emprestar dinheiro etc., mas, como a casa e o dinheiro não são deles, é evidente que o espaço de manobra é mínimo.

Portanto, parece-me, mais uma vez, fundamental relativizar a acusação de doença mental, contextualizando-a dentro não só do quadro da família nuclear propriamente dita, mas dentro de um panorama mais amplo da sociedade e cultura brasileiras. Esta, por sua vez, participa de uma problemática mais universal com o desenvolvimento da moderna ideologia do individualismo e suas relações com as ideologias tradicionais.

É evidente que a intervenção das instituições psiquiátricas nos casos narrados é, no mínimo, um bom exemplo de vôo cego. Ou, pior ainda, pois aceitam, em princípio, uma "culpa" a partir do encaminhamento dado por uma das partes. Aceitam como normal e saudável uma definição da realidade, invalidando a dos jovens, tão arbitrária quanto qualquer outra. Mas, para os psiquiatras em pauta, talvez o meu problema seja irrelevante pois para eles existe *uma realidade* que também não relativizam, empatizando muito mais com a visão de mundo dos *pais* do que com a dos filhos. Fica claro, por exemplo, que a categoria *família* é importante e recorrente no discurso de todos os atores envolvidos no drama. Mas o seu *significado* só pode ser apreendido a partir de um exame mais cuidadoso do universo simbólico em questão. É importante saber onde e quando as pessoas estão compartilhando um sistema de significados e identificar também as quebras, descontinuidades, curto-circuitos comunicacionais. Isso não adiantará, insisto, se já se partir de uma visão de mundo de valores que não possam ser relativizados nem revistos ou postos em dúvida. O que é família? O que significa parente? O que é a (uma) relação pai e filho? A antropologia lida, permanentemente, com a dimensão arbitrária do comportamento humano, com a *cultura*. Nesse sentido, nada na vida social é dado e/ou natural mas sim interpretado e inserido em uma rede de significados articulada a um conjunto de símbolos próprio e característico de sociedades e grupos sociais específicos cujas fronteiras podem ser, de alguma forma, estabelecidas.

Por tudo isso, estou consciente das dificuldades de lidar diretamente, em termos práticos e não teóricos, com as situações descritas. No entanto, a contribuição da antropologia para a questão da saúde/doenças mentais e suas relações com família e parentesco conduz inevitavelmente a uma complexificação da abordagem. O esforço de relativização que o antropólogo tem de fazer muitas vezes é malsucedido. Mas o que já se sabe sobre a construção social do indivíduo e da família nuclear no Ocidente não pode mais ser desbordado como secundário por quem pretenda realizar um trabalho sério, seja teórico ou prático, nessa área de conhecimento.

REFERÊNCIAS BIBLIOGRÁFICAS

ABREU FILHO, Ovídio de. 1979. "Parentesco como sistema de representações: um estudo de caso". (Trabalho apresentado na IIª Reunião da Associação Nacional dos Programas de Pós-Graduação em Ciências Sociais. Belo Horizonte, outubro.)

ARIÈS, Philippe. 1978. *História social da criança e da família*. Rio, Zahar.

BECKER, Howard. 1973. *Outsiders*. Nova York, Free Press.

_____. 1977. *Sociological work*. Transaction Books.

_____. 1977. *Uma teoria da ação coletiva*. Rio, Zahar.

DOUGLAS, Mary (org.). 1970. *Witchcraft, confessions and accusations*. Tavistock Publications, ASA.

DUMONT, Louis. 1970. *Homo hierarchicus*: an essay on the caste system. Chicago, The University of Chicago Press.

DUMONT, Louis. 1977. *Homo aequalis*: Génèse et épanouissement de l'idéologie économique. Paris, Gallimard.

_____. "Peuple et Nation chez Herder et Fichte", *in Libre*, 79-6, Paris, Payot.

EVANS-PRITCHARD, E.E. 1968. *Witchcraft, oracles and magic among the Azande*. USA, Oxford University Press. [Ed. bras. resumida: *Bruxaria, Oráculos e Magia entre os Azande*, Rio, Zahar, 1978.]

FIGUEIRA, Sérvulo A. 1978. *Individualismo e psicanálise.* Tese de Mestrado, Departamento de Psicologia, PUC, Rio.

SCHUTZ, Alfred 1970. "The problem of social reality", *in Collected Papers.* Haia, Martinus Nijhoff, v. I. Também em português: *Fenomenologia e relações sociais*, organização e introdução de Helmut R. Wagner, Rio, Zahar, 1979.

VELHO, Gilberto. 1976. "Accusations, social mobility and deviant behavior", *in Social Problems,* 23 (3), fevereiro.

_____. 1978. "Acusações: projeto familiar e comportamento desviante", *in Boletim do Museu Nacional.* Nova Série, Antropologia nº 28, junho.

_____. 1978. "Duas categorias de acusação na cultura brasileira contemporânea", *in Doença mental e sociedade,* organizado por Sérvulo Figueira. Rio, Campus. (Capítulo III deste livro.)

_____. 1979. "Projeto, emoção e orientação em sociedades complexas", *in Boletim do Museu Nacional,* Nova Série, Antropologia nº 31, janeiro. (Capítulo I deste livro.)

_____. 1979. "Visão de mundo e estilo de vida em camadas médias urbanas – Algumas questões sobre o estudo de família". (Trabalho apresentado na IIª Reunião da Associação Nacional dos Programas de Pós-Graduação em Ciências Sociais.) Belo Horizonte, outubro. (Capítulo VIII deste livro.)

capítulo 5

Os Conceitos de Relevância e Motivação e a Noção de Subcultura

I.

Os trabalhos de Alfred Schutz são cada vez mais importantes para os cientistas sociais preocupados com a temática *Indivíduo e Sociedade.*[1]

Embora sua teoria possa, em princípio, ser aplicada a qualquer sociedade, é no entanto, no estudo das chamadas sociedades complexas modernas que se revela especialmente eficaz. De um lado, isto se explica porque Schutz estava pensando a sua própria sociedade, contemporânea, urbana, industrial. De outro lado, os instrumentos teóricos que elaborou estão focalizando determinado tipo de experiência humana que, se não é exclusivo, é bastante característico da sociedade complexa moderna.

II.

A experiência de que falo e não sei até que ponto Schutz concordaria comigo (provavelmente não) é o fato de que é na nossa sociedade que o indivíduo transforma-se no foco privilegiado de todo o discurso cultural. O que não fica inteiramente claro para mim é se Schutz realmente considerava e assumia o indivíduo, na forma

1. Ver principalmente *Collected Papers I, II e III*. Haia, Martinus Nijhoff, 1962, 1964 e 1966; *The phenomenology of the social world*. Evanston, Illinois, Northwestern University Press, 1967: Em português: *Fenomenologia e relações sociais*. Rio, Zahar, 1979.

em que é construído e percebido na nossa cultura, como um *fato da natureza*. Parece-me óbvio que a sua obra tem como premissa o indivíduo enquanto unidade e sujeito. Há momentos, no entanto, quando discute, por exemplo, a intersubjetividade e a noção de predecessores e sucessores em que se podem perceber ou, pelo menos, interpretar possíveis instâncias de relativização.[2] Mas não há duvida de que a descontinuidade entre *eu* e o *outro* é essencial para todo o desenvolvimento de *sua* teoria, assim como de toda a ciência social de inspiração fenomenológica.[3] Isso se em parte *limita*, por outro lado *precisa* as possíveis aplicações e utilizações dessa abordagem dentro de uma teoria antropológica da cultura. Portanto não se trata de denunciar ou criticar, neste momento, etnocentrismos eventuais na obra de Schutz, que é rica, complexa e certamente cheia de ambigüidades. Parece-me que suas formulações conceptuais são particularmente esclarecedoras na medida em que é o teórico por excelência da descontinuidade, seja em nível psicológico, seja em nível social. Seria, portanto, o analista da sociedade individualista em sua expressão mais clara. Como mostra Dumont, é na sociedade moderna ocidental que se dá com maior nitidez a fragmentação em domínios diferenciados de uma sociedade tradicional holística, com o aparecimento de domínios descontínuos como a economia e a política e a perda de articulação e integração anteriormente dadas pela religião (refere-se constantemente à Idade Média). O modelo de sociedade tradicional seria o de totalidade perfeita, articulada, cimentada, em que o todo seria dado em qualquer parte que se destacasse (Dumont, 1970). Sabemos que essa perspectiva tem antecedentes na história do pensamento ocidental e que só pode ser entendida enquanto modelo construído com pólos marcados. Com isso fica-se com a sociedade moderna ocidental como a expressão mais aguda da fragmentação e individualização. Creio ser problemática a

2. Ver o livro mencionado em português. especialmente os capítulos II e IV.

3. Para os fundamentos filosóficos, ver, por exemplo, Husserl, Edmund, *Ideas: general introduction* to *pure phenomenology*. Londres. George Allen & Unwin; Nova York, The Macmillan Company, 1931. Uma coletânea recente que reúne trabalhos de cientistas sociais é *Phenomenological sociology: issues and applications*, organizada por George Psathas. John Willey & Sons, 1973.

relação entre ideologia individualista e o aparecimento de domínios autônomos com a quebra de um holismo original. O máximo que se obtém com maior certeza é a constatação de um paralelismo entre os dois processos sem que se chegue a uma relação de causalidade definida.

Sugeriria apenas, neste momento, para uma tomada de posição inicial, que poderia ser proveitoso pensar em *contextos individualizadores*. Estes seriam, por excelência, fenômenos ou fatos culturais, evitando, pelo menos, a gasta dicotomia ideologia × realidade material. Entendendo-se a cultura como uma *rede de significados* – "*web of meanings*" – (Geertz, 1978) o contexto individualizador é aquele em que se focaliza o indivíduo biológico como a unidade significativa e em torno do qual se desenvolve um sistema de relevâncias.[4] Toda cultura tem contextos individualizadores, variando, no entanto, sua importância e prioridade. Pode-se pensar a sociedade complexa moderna ocidental como aquela em que aparecem com maior peso ou dominância as instâncias de individualização. Evidentemente, podem-se analiticamente assinalar variáveis econômicas, políticas, religiosas que concorrem ou que marcam essa tendência (ver, por exemplo, Polany, 1943 e Weber, 1967). Ao falar em *contexto* estou enfatizando a dimensão cultural, isto é, simbólica, expressa em todos os níveis, domínios e dimensões da vida social. Nessa perspectiva, tanto as coisas, bens materiais como as idéias, e as pessoas transmitem mensagens, significados. Não só isso, mas são elementos que fazem sentido uns em relação aos outros, constituindo um sistema, um conjunto de relações, não necessariamente harmoniosas mas *significativas*.

III.

Já chamei atenção em trabalhos anteriores para o risco de o antropólogo, ao estudar um segmento, um grupo na sociedade complexa,

4. Estou aqui usando *sistema de relevâncias* num contexto não exatamente fiel a Schutz, mas creio que faz sentido dentro de meu raciocínio.

vê-lo como uma unidade autônoma, independente, sem percebê-lo como parte de algo mais vasto, amplo, mais ou menos articulado.[5]

O outro risco, tão grave quanto o anterior, é a *tentação da totalidade*. A experiência de trabalho com grupos tribais, sociedades de pequena escala, dá enormes vantagens em termos de possibilidades de perceber os fenômenos culturais em sua maior amplitude, mas tem o outro lado da moeda que pode levar a precipitações na busca de generalizações. É claro que esse risco existe no estudo de qualquer sociedade e cultura por menor ou menos diferenciada que possa parecer. Mas, saindo, em geral, de uma tradição construída a partir de pesquisas com grupos de algumas centenas ou poucos milhares de pessoas, o antropólogo, ao se defrontar com uma sociedade nacional de dezenas de milhões, com um Estado, com grande diversidade regional, com complexa e acentuada divisão social do trabalho, com grande diferenciação em termos de estratos, classes sociais etc., tem de se acautelar no uso de seus instrumentos de trabalho. Como quase tudo na vida há muito a ganhar e certamente algo a perder quando se trabalha com conceitos abrangentes como o de cultura. Ao assumir a sociedade complexa como objeto e campo de trabalho, a ciência social desenvolveu a noção de subcultura. Segundo J. Milton Yinger, esta é utilizada para

> *point to the normative systems of groups smaller than a society*, to *give emphasis* to *the ways these groups differ in such things as language, values, religion, diet, and style of life from the larger society of which they are a part. Perhaps the most common referent in this usage is a ethnic enclave (French Canadians in Maine) or a region (the sub-culture of the South), but the distinctive norms of much smaller and more temporary groups (even a particular friendship group) may be described as a subculture* (Yinger, 1960).

Obviamente é uma forma de tentar lidar com a diversidade e pode-se perceber que pode ser usada ao nível mais micro da vida social

---

5. Ver Velho, Gilberto – "Projeto, emoção e orientação em sociedades complexas", *in Boletim do Museu Nacional*. Nova Série, Antropologia nº 31, 1979. (Capítulo I deste livro.)

se for o caso. Mas será que assim se está atendendo aos propósitos originais do conceito de cultura, ou seja, dar conta do sistema de significados mais abrangente de determinado universo social? Entre os excessos de particularização e os possíveis exageros de generalização a solução não está necessariamente na áurea medida, embora creia que passa por ela. O problema teórico é saber se conseguimos localizar sistemas de significado com uma certa autonomia, suficiente para o estabelecimento de fronteiras. A utilização desenfreada de *subcultura* constantemente leva à reificação de traços, elementos que podem ser particulares a certo grupo social mas que não expressam necessariamente um sistema cultural propriamente dito. Muitas vezes confunde-se, seguindo esse caminho, *cultura* ou *subcultura* com *estilo de vida.* Ou seja, a maneira de ser e de se comportar, a prática cotidiana de um determinado segmento social, é a sua forma de expressar sua participação em um sistema de relações simbólicas e significativas mais abrangentes que denominamos *cultura* e de que participam outros segmentos que podem ser distinguidos de *n* maneiras em termos de sua inserção na sociedade. Mas, insisto, se pudermos situar essas unidades sociológicas dentro de um campo de comunicação comum, em que existe um conjunto de crenças e valores de algum modo compartilhado, estaremos falando de *cultura.* É claro que permanece um problema sempre em aberto. Quando Lévi-Strauss mostra a existência de um sistema de mitos que percorre(ia) centenas de sociedades espalhadas pelo continente americano, até que ponto não estamos vendo – ou ouvindo – um sistema cultural, embora até as línguas fossem múltiplas e diferenciadas? (Lévi-Strauss, 1964). Estamos, portanto, diante da questão de verificar a existência de campos de comunicação suficientemente diferenciados e abrangentes. O ponto de diferenciação e os limites de abrangência dependerão muito, evidentemente, de nossas intenções e instrumentos – telescópicos, microscópicos etc.

IV.

Permanece conosco a questão de como dar conta das diferenças dentro de uma sociedade heterogênea. Ignorá-las ou minimizá-las pode levar a generalizações que podem ser facilmente contestadas se aplicadas a situações e momentos particulares. Por exemplo: como ignorar as diferenças entre as classes sociais? No Nordeste não é assim; Na minha cidade isso jamais aconteceu; Conheço pessoas que não pensam dessa maneira; etc. Embora essas observações muitas vezes sejam feitas de forma um tanto superficial e possam ser rebatidas sem muito esforço colocando as coisas no seu contexto pertinente, de algum modo tocam em questões importantes, pois o problema da diversidade sempre suscita certas dificuldades na aplicação do conceito da cultura. No caso da sociedade complexa, a idéia de uma *cultura de classe* tem sido acionada por vários autores, principalmente ligados a uma tradição marxista. Bourdieu, particularmente, diz que "ter acesso à cultura é o mesmo que ter acesso a *uma* cultura, a cultura de uma classe de uma nação" (Bourdieu, 1974). Resta saber como se comunicam as classes, como se estabelecem campos de significado comum. Remeter a explicação à idéia de dominação tem levado a uma escamoteação e simplificação do que seja uma cultura enquanto sistema, enquanto rede de significados – "*web of meanings*" (Geertz, *op. cit.*). A noção de cultura dominante, se não for usada com muito critério e precisão, pode ignorar uma série de processos sociológicos e culturais complexos para privilegiar *contradição* e *conflito* como únicas chaves explicadoras. Estas obviamente existem mas há outros processos e dimensões na vida de uma sociedade constituídos por *consenso*, *pactos*, *identificação*, *encontros* em termos de interesses e objetivos. Há alianças implícitas ou explícitas, cruzando as fronteiras das classes sociais apoiadas em códigos e em uma ordem moral de que participam *n* segmentos de uma sociedade (ver Da Matta, 1979). Essas possibilidades são dadas pelas redes de significado já mencionadas, pela internalização de paradigmas e crenças comuns.

Indiscutivelmente há diferenças e variações importantes na interpretação, vivência e manipulação do código, da ordem moral e da rede de significados. É justamente aí que Schutz tem contribuições decisivas. Refiro-me basicamente aos conceitos de relevância e motivação. Assim é que o autor diz: "A própria ordem de domínios de relevâncias que prevalece num determinado grupo social é um elemento da concepção relativamente natural do mundo tida pelo grupo interno como pressuposto e como um estilo de vida inquestionável. Em cada grupo, a ordem desses domínios tem sua história particular. É um elemento do conhecimento gerado e aprovado socialmente e, freqüentemente, institucionalizado" (Schutz, 1979, p.113-4).

Em função dessas relevâncias, os indivíduos desse grupo social armam suas estratégias de vida, fazem opções, estabelecem projetos. Continua Schutz, mais adiante: "O sistema de relevâncias e tipificações socialmente aprovado é o campo comum dentro do qual as tipificações e estruturas de relevâncias privadas dos membros individuais do grupo se originam. Isso é assim porque a situação particular do indivíduo, conforme definida por ele, é sempre uma situação dentro do grupo, seus interesses privados são interesses com referência àqueles do grupo (seja através de particularização ou de antagonismo), seus problemas particulares estão necessariamente no mesmo contexto dos problemas do grupo. Mais uma vez, esse sistema privado de domínios de relevância poderia ser inconsistente em si próprio; poderia, também, ser incompatível com o que é aprovado pela sociedade. Por exemplo, posso tomar atitudes inteiramente diferentes com relação aos problemas de rearmamento dos EUA segundo os meus papéis sociais de pai de um rapaz, de contribuinte, de membro da minha igreja, de cidadão patriota, de pacifista e de economista traquejado. Ainda assim, todos esses sistemas de relevâncias parcialmente conflitados e que se interpenetram, tanto os pressupostos pelo grupo quanto os meus, privados, constituem domínios particulares de relevâncias; todos os objetos, fatos e eventos são homogêneos na medida em que são relevantes para o mesmo problema" (*op. cit.*, p.120).

Podemos, portanto, admitir que em uma sociedade, especialmente nas mais heterogêneas e diversificadas, pode haver *n* sistemas de relevância e tipificações. De certa forma a cultura é o sistema mais abrangente em que, pelo menos hipoteticamente, todos os outros cabem através de um *campo de comunicação comum* apoiado na *rede de significados* base de todas as possíveis variações.

É importante mencionar que, através de interpretações diferenciadas, em última análise, coloca-se a possibilidade de mudança do *campo* e da *base*. Ou seja, vendo a vida social como uma constante negociação entre atores (indivíduos, grupos, categorias) envolvendo os mais díspares interesses e motivos, materiais e não-materiais, o significado do mundo está sempre, em alguma medida, *em questão*.

Encaminha-se o problema de verificar como agem os atores em função das mencionadas relevâncias. Schutz, ao examinar *motivação*, distingue "motivos a fim de" de "motivos por quê" (*op. cit.*, p.124-5). Escreve ele: "Diz-se freqüentemente que as ações, dentro do significado de nossa definição, são comportamento motivado. Apesar disso, o termo 'motivo' é equívoco, e abrange dois conjuntos diferentes de conceitos, que temos de distinguir. Podemos dizer que o motivo do assassino era obter o dinheiro da vítima. Aqui, 'motivo' quer dizer o estado de coisas, o fim em função do qual a ação foi levada a cabo. Chamaremos esse tipo de motivo de 'motivo a fim de'. Do ponto de vista do ator, essa classe de motivos refere-se a seu futuro. Na terminologia que sugerimos, podemos dizer que o ato projetado, isto é, o estado de coisas pré-imaginado, que será acarretado pela ação futura, constitui o 'motivo a fim de' desta última. No entanto, o que é motivado por esse tipo de 'motivo a fim de'? Obviamente, não é o projeto em si. Na minha fantasia, posso projetar cometer um assassínio sem ter nenhuma intenção de realizar tal projeto. O que é motivado pelo modo de 'a fim de', portanto, é a 'palavra de ordem' voluntária, a decisão: 'Vamos!', que transforma a fantasia interior em desempenho ou ação que afeta o mundo exterior.

Em oposição à classe de 'motivos a fim de', temos de distinguir outra, que sugerimos chamar de 'motivos por quê'. O assassino foi motivado a cometer seus atos porque cresceu num ambiente de tal e tal tipo, porque, como mostra a psicanálise, teve na sua infância tais e tais experiências etc. Assim, do ponto de vista do ator, os 'motivos por quê' remetem a experiências passadas. Essas experiências determinaram que ele agisse como agiu. O que é motivado numa ação no modo 'por quê' é o projeto da ação em si. O ator teve diversas outras possibilidades de satisfazer sua necessidade de dinheiro além da de matar um homem; por exemplo, trabalhar por ele numa ocupação remuneradora. Sua idéia de conseguir esse objetivo matando um homem foi determinada ('causada') por sua situação pessoal ou, mais precisamente, por sua história de vida, conforme sedimentada nas suas circunstâncias pessoais" (*idem*, p.124-5). E ainda: "Até aqui, analisamos o aspecto subjetivo das duas categorias de motivos, isto é, o aspecto do ponto de vista do ator. Ficou demonstrado que o 'motivo a fim de' se refere à atitude do ator que vive o processo de sua ação em curso. Ele é, portanto, uma categoria essencialmente subjetiva, que só é revelada ao observador se ele pergunta qual o significado que o ator atribui à sua ação. O 'motivo por quê' genuíno, entretanto, como descobrimos, é uma categoria objetiva, acessível ao observador, que tem de reconstruir a partir do ato realizado ou, mais precisamente, a partir do estado de coisas provocado no mundo exterior pela ação do ator, a atitude do ator em sua ação. Somente na medida em que o ator se volta para o seu passado, e assim se torna um observador de seus próprios atos, é que ele pode captar os 'motivos por quê' genuínos deles" (p.126). É, portanto, em função de determinadas experiências existenciais e sociológicas que os atores *em situação* e em um *campo de possibilidades* específico têm o *background* do *porquê* de suas ações. Por sua vez, o sistema de relevâncias estabelece os limites e alternativas do *para quê*, quais os objetivos e metas viáveis. É óbvio que o *porquê* e o *para quê* estão indissoluvelmente associados desde que se articulam através dos referidos campo e base.

Por outro lado, quando digo que em uma sociedade existem *n* sistemas de relevância, não estou pensando apenas naqueles ligados a experiências de grupos sociais particulares. Quero dizer também que a cultura é algo que se manifesta em *múltiplos planos* e *níveis de realidade* distintos a que podem corresponder relevâncias e tipificações específicas. Schutz aponta isso com clareza ao mostrar que um indivíduo vive concomitantemente em mundos, esferas diferentes, paralelos mas com características próprias que enfatizam valores diferentes muitas vezes conflitivos. Há graus e tipos particulares de focalização e de prioridade, maneiras peculiares de *attention à la vie* nos termos de Bergson. Nenhum indivíduo, muito menos um grupo, por mais monolítico ou homogêneo que seja, funciona apenas em um plano e/ou nível de realidade. Sua vida afetiva, emocional, suas experiências diferenciadas, contatos com atores particulares, estímulos variados, tudo isso concorrerá para a heterogeneização e ambigüidade de sua visão de mundo e avaliação da "realidade", que não é uma mas são múltiplas a partir dessa perspectiva. As interpretações e definições de "realidade(s)" e a expressão de sua experiência se darão através de um repertório simbólico mais ou menos amplo, diversificado mas com limites e articulações "fazendo sentido" de maneira mais ou menos evidente em relação a uma cultura específica. As noções de sistemas de relevância, tipificação e motivação podem permitir um mapeamento das diferenças culturais que dê conta não só das experiências sociológicas de indivíduos, grupos e categorias particulares como daquelas existentes ao nível da cultura propriamente dita, em suas diferentes manifestações e dimensões marcando domínios como trabalho, ritual, fantasia, amor, arte. Esta talvez seja uma maneira de utilizar com algum proveito as idéias de Schutz na elaboração de uma teoria da cultura.

REFERÊNCIAS BIBLIOGRÁFICAS

BOURDIEU, Pierre. 1974. "Sistemas de ensino e sistemas de pensamento", *in* Miceli, Sérgio (org.), *A economia das trocas simbólicas*. S. Paulo, Perspectiva.

DA MATTA, Roberto. 1979. *Carnavais, malandros e heróis* (especialmente o capitulo "Você sabe com quem está falando?"). Rio, Zahar.

DUMONT, Louis. 1970. *Homo hierarchicus: an essay on the caste system*. Chicago, The University of Chicago Press.

_____. 1977. *Homo aequalis*. Paris. Gallimard.

GEERTZ, Clifford. 1978. *A interpretação das culturas*. Rio, Zahar.

HUSSERL, Edmund. 1931. *Ideas: general introduction* to *pure phenomenology*. Londres, *George* Allen & Unwin; Nova York, The Macmillan Company.

LÉVI-STRAUSS, C. 1964. *Le cru et le cuit*. Paris. Plon.

POLANY, Karl. 1943. *The great transformation*. Nova York, Octagon Books.

PSATHAS, George. 1973. *Phenomenological sociology: issues and applications* org. por George Psathas. John Willey & Sons.

SCHUTZ. George. 1962, 1964 e 1966. *Collected papers I, II e III*. Haia, Martinus Nijhoff.

_____. 1967. *The phenomenology of the social world*. Evanston, Illinois, Northwestern University Press.

_____. 1979. *Fenomenologia e relações sociais*. Rio, Zahar.

VELHO, Gilberto. 1979. "Projeto, emoção e orientação em sociedades complexas", *in Boletim do Museu Nacional.* Nova Série, Antropologia nº 31. (Capítulo I deste livro.)

WEBER, Max. 1967. *A ética protestante e o espírito do capitalismo.* São Paulo, Pioneira.

YINGER, J. Milton. 1960. "Contraculture and subculture", *in American Sociological Review,* 25, outubro.

PARTE II

capítulo 6 | Relações entre a Antropologia e a Psiquiatria*

O tema proposto implica, de imediato, a definição de uma divisão do trabalho acadêmico, cujos significados e ambigüidades repercutem em toda a área das chamadas ciências humanas. Embora a antropologia, tal como é hoje praticada nas instituições universitárias, tenha perdido em grande parte suas ambições ou pretensões a "ciência global do comportamento humano", manteve sem dúvida uma vocação, às vezes um tanto tímida e envergonhada, de ciência incorporadora e sintetizadora. Esta vocação, no entanto, só pode ser sistematicamente atualizada na medida em que os antropólogos não percam de vista as bases reais e específicas do seu campo. Ou seja, a maior ou menor capacidade de incorporação e de síntese da antropologia depende do vigor e convicção com que são assumidas as características peculiares à experiência de trabalho propriamente antropológica. No meu entender, o diálogo e a comunicação com outras ciências e campos de conhecimento devem ser permanentemente realimentados, através da volta radical às nossas fontes. Caso contrário, corre-se o risco de uma diluição generalizada. Assim, preocupados com o intercâmbio e o enriquecimento mútuos, há momentos em que enfatizamos os caminhos mais claros, mais fáceis, nos quais a complementariedade de nossas ciências ou campos de conhecimento é frisada e posta em destaque. Há outros momentos, no entanto, que talvez a longo prazo sejam mais frutíferos e produti-

---

* Discuti bastante o assunto apresentado nesta comunicação com o meu colega Roberto da Matta e com meus alunos do curso "Indivíduo e Sociedade" – segundo semestre de 1975, Programa de Pós-Graduação em Antropologia Social do Museu Nacional. Agradeço as sugestões e estímulos recebidos.

vos, nos quais é necessário chamar atenção para as dificuldades, ou mesmo para os impasses.

É esta a tarefa a que me proponho aqui. Tendo, em várias oportunidades,[1] enfatizado a importância e a necessidade de integração no campo das ciências humanas, sinto-me à vontade para trazer, como antropólogo, algumas reflexões a propósito de dificuldades específicas. Cientistas sociais como Mauss e Sapir,[2] já há bastante tempo, preocuparam-se e levantaram questões relevantes sobre algumas dessas barreiras. Neste trabalho, pretendo fixar-me no exame de uma questão que considero constituir um impasse, se não o maior, dos mais significativos. Trata-se da própria noção de *Indivíduo* que permeia, explícita ou implicitamente, o discurso e a prática não só da psiquiatria e das outras disciplinas que estudam o comportamento individual, como de grande parte das ciências sociais.

Ora, a antropologia, justamente por ter, por definição, uma perspectiva comparativista, é o ramo do conhecimento que, ao defrontar-se com sociedades e culturas díspares e diferenciadas, é obrigada a relativizar o indivíduo, tal como entendido e percebido na sociedade e na cultura nas quais a psiquiatria, a psicologia e a psicanálise se desenvolveram. Não quero com isso dizer apenas o que já foi esclarecido pelo próprio Sapir, Ruth Benedict, Margaret Mead e outros antropólogos ligados à Escola de Personalidade e Cultura: que temos de relativizar nossos próprios valores e perceber que os modelos de comportamento individual são diferentes e variam de cultura para cultura. Na realidade, talvez a grande limitação dos autores mencionados tenha sido, justamente, a de partir de uma noção não-relativizada de indivíduo. Esse indivíduo universal, que

1. Ver especialmente o artigo "A contribuição da antropologia social ao estudo do comportamento desviante", *in* Velho, Gilberto (org.), *Desvio e divergência: uma crítica da patologia social*. 4ª ed., Rio, Zahar, 1981.

2. Ver Mauss, Marcel, "Rapports réels et pratiques de la psychologie et de la sociologie", *in Sociologie* et *anthropologie*. Paris, PUF, 1950 e Sapir, Edward, "Sur les rapports entre l'anthropologie culturelle et la psychiatrie" e "Ce que l'anthropologie culturelle attend du psychiatre", *in Anthropologie, culture et personnalité*. Paris, Les Éditions de Minuit, 1967 (o livro de Marcel Mauss foi traduzido para português com o título *Sociologia e antropologia*, São Paulo, Editora Pedagógica e Universitária, 1974).

varia seu comportamento em função de modelos diferentes apresentados por culturas específicas, é que está sendo questionado. Na realidade, parece que se corre o risco de confundir o indivíduo biológico, membro de uma espécie, com a noção de indivíduo, produto particular de uma cultura que, esquematicamente, chamarei de ocidental-moderna-contemporânea.

Não se trata, evidentemente, de analisar aqui as transformações nas bases socioeconômicas que, através das Revoluções Comercial, Burguesa, da Reforma e da Revolução Industrial, acompanharam ou estimularam a emergência de um sistema de valores, de uma ideologia centrada numa concepção do indivíduo e que, comparada à de outras culturas ou à de outras etapas históricas da própria sociedade ocidental, pode ser considerada radicalizante. Nesta linha acompanho, basicamente, os trabalhos pioneiros do antropólogo francês Louis Dumont, ainda pouco conhecido fora do círculo dos antropólogos sociais.[3]

Esse autor, ao estudar a sociedade de castas da Índia, examina um sistema que se apóia em uma ideologia da hierarquia, e não em uma ideologia da igualdade, mostrando que a unidade mínima da vida social não é necessariamente concebida como sendo o indivíduo.[4] Assim, é através de uma complexa rede de relações sociais, construída à base de uma desigualdade entre categorias sociais – embora articulada através de princípios hierárquicos – que vamos encontrar os indivíduos biológicos em processo de interação social. Tal desigualdade, mostra Dumont, não significa necessariamente dominação política e exploração, ao contrário do que observadores mais apressados, ou etnocêntricos, da sociedade indiana acreditaram. Os indivíduos biológicos apresentam-se como parte de categorias sociais específicas – castas, subcastas etc. –, não ocorrendo o impasse ocidental-moderno-contemporâneo entre individualidades ou consciência individual e grupo ou sociedade. Longe de ver esse fenômeno como sinal de arcaísmo ou atraso, o autor revela o alto grau de sofisticação sociológica que permitiu, antes do impacto

---

3. Ver *Homo hierarchicus*. Paris, Gallimard, 1966 e "Religion, politics and society in the individualistic universe", *in The Henry Myers Lecture*, 1970.

4. Ver *Homo hierarchicus*.

da colonização européia, um modo de vida bastante harmonioso e integrado.

Prosseguindo seus trabalhos, Dumont estuda a gênese da noção de indivíduo na própria sociedade européia, verificando que, em termos históricos, trata-se de processo relativamente recente, tendo como marcos os séculos XVII e XVIII.[5] É evidente que não se trata de negar que o tema da individualidade tenha sido objeto de reflexão e especulação em períodos anteriores, pelo menos desde a Antigüidade Clássica. O problema, para a antropologia social, é localizar a extensão e a difusão dessas noções, ao nível da sociedade global e no âmbito dos diferentes grupos sociais. Pode-se mencionar, quanto a isso, na história da literatura, o aparecimento do romance picaresco nos séculos XVI e XVII, o desenvolvimento do romance inglês no século XVIII e a consolidação do gênero no século XIX, em que aparece, com toda a nitidez, a problemática propriamente individual do herói diante da sociedade – o romance psicológico, cuja base é a descontinuidade entre o sujeito e o que está em volta, e a problematização dessas relações.[6] É nesse período, portanto, que se pode encontrar, com toda a plenitude, a biografia individual colocada como problema central, como foco básico das preocupações intelectuais e morais. A concepção dominante da descontinuidade entre indivíduo e sociedade pode, portanto, ser localizada e limitada a determinadas culturas e períodos históricos específicos.

As conseqüências disso para a psiquiatria e para o debate entre as diversas ciências humanas parecem-me, a um só tempo, óbvias e fundamentais. O objeto das ciências do comportamento individual talvez não seja um indivíduo dado, natural e universal, que pode variar seus modelos de comportamento de cultura para cultura, mas sim uma construção sócio-cultural, mesmo enquanto noção. Marcel Mauss, no seu clássico trabalho "Une catégorie de l'esprit humain: la notion de personne, celle de 'moi'", analisa a gênese da categoria *pessoa* como ser psicológico, diferenciando-a do personagem, da máscara etc.[7] Essa percepção da arbitrariedade cultural que sustenta

---

5. Ver "Religion, politics and *society* in the individualistic universe".
6. Ver as obras de Lukacs e Lucien Goldmann.
7. Mauss, Marcel, "Une catégorie de l'esprit humain: la notion de personne, celle de 'moi'", *in Sociologie et anthropologie*. Paris, PUF, 1950.

a descontinuidade, ou mesmo a oposição, entre indivíduo e sociedade força-nos a relativizar não só a psiquiatria e as outras disciplinas do comportamento individual, mas também as ciências sociais como um todo. Na realidade, todos esses campos do conhecimento, por serem produtos de uma sociedade e época específicas, partem de premissas e pressupostos que começam agora a ser vislumbrados. Como já assinalei, é bastante recente na antropologia o desenvolvimento desse tipo de reflexão, embora seja possível localizar suas raízes na obra de Mauss.[8] A partir daí, é necessário reexaminar, dentro das ciências sociais, a teoria do desvio, percebendo que nossos estudos do comportamento desviante correm, muitas vezes, o risco do etnocentrismo. E isso não apenas por não levarem em conta a ambigüidade das situações sócio-culturais, como por absolutizarem determinada concepção de indivíduo. Os antropólogos são obrigados, por sua vez, a rever várias de suas premissas, questionar resultados e reequipar-se em termos instrumentais e metodológicos, a partir da percepção de que boa parte de sua teoria estava construída sobre uma noção de indivíduo não-relativizada e sociocêntrica.

Felizmente, por outro lado, temos os resultados de inúmeras pesquisas sobre sociedades não-ocidentais, que nos podem ajudar a fazer perguntas sobre nossa própria cultura. Somos já capazes de perceber que as sociedades não são necessariamente representadas como agregados de indivíduos, mas sim de categorias sociais como linhagens, clãs e castas, nas quais os indivíduos biológicos não têm significado por si mesmos, enquanto biografias, mas sim como expressão e reprodução de unidades mais inclusivas. O próprio sistema de nominação de diversos grupos revela que a ênfase não está sendo dada àquele indivíduo biológico específico, mas sim a mais um membro de uma linhagem, clã etc. Não é sua individualidade, concebida nos nossos termos, que está sendo focalizada, mas sim o grupo de que é uma peça, uma parte. Conseqüentemente, nessas culturas, o drama da individuação não se manifesta do mesmo modo que na nossa. A identidade é muito mais construída a partir da condição de membro de uma coletividade, parte de um todo.

---

8 . *Op. cit.*

No caso da sociedade ocidental-moderno-contemporânea, a noção de indivíduo, tal como a conhecemos, está intimamente associada à desagregação da família extensa, das redes de sociabilidade mais amplas e diversificadas e ao desenvolvimento da família nuclear que, com todas as suas ambigüidades, seria individualizante por excelência. Talvez uma grande limitação da chamada antipsiquiatria seja não perceber que estes dois fenômenos estão associados – a exacerbação da individualidade e o caráter coercitivo e repressor da família nuclear. Por iluminar apenas um lado da moeda, corre o risco, denunciando-o, de fortalecer o outro pólo, quando me parece inviável separá-los. É possível que se crie um falso dilema entre ser uma pessoa esmagada e dominada por um esquema externo familiar, ou ser um indivíduo "livre", sem amarras, senhor absoluto de seu destino, um verdadeiro demiurgo. Isso, no entanto, é um tema a exigir ainda muita pesquisa e reflexão.

Poder-se-ia argumentar que os exemplos de outras sociedades servem apenas como referências longínqüas, como ilustrações exóticas de interesse academicista e de erudição antropológica. Concretamente, estar-se-ia trabalhando na sociedade ocidental-moderno-contemporânea, construída em torno do modelo de indivíduo, base das ciências do comportamento individual. Portanto, em termos estritamente pragmáticos, teríamos um conhecimento adequado às necessidades. No entanto, mesmo nesse nível, teríamos raciocínios falaciosos. Quando o antropólogo se defronta com uma sociedade complexa, como a brasileira, fica cada vez mais evidente a existência de diferentes modelos culturais, visões de mundo altamente diferenciadas. Sem dúvida, como foi mencionado, existem modelos oficiais, sistemas de valores dominantes ou mais difundidos, mas não encontramos nada parecido com um modelo exclusivo, ou um sistema monolítico.

Embora estejamos incluídos no que estou chamando de ocidental-moderno-contemporâneo, parece-me que um dos pontos nevrálgicos, marco diferenciador fundamental em termos culturais, é a noção de indivíduo. Para profissionais como os psiquiatras que se defrontam no seu dia-a-dia com pessoas de diferentes origens em termos de classes, estratos sociais, faixas etárias, regiões do país etc., essa questão se torna fundamental. Observe-se que não se trata de problema de vocabulário, de palavras que possam não ser entendidas ou tenham sentido diferente, mas sim de noções fundamentais, cuja especificidade pode não ser captada numa primeira leitura ou por um esquema predeterminado.

Um exemplo inicial diz respeito aos clientes das religiões de possessão. Estudos recentes, como o de Yvonne Maggie, demonstram como é complexa a relação entre os fiéis e as entidades – guias, espíritos e orixás – que recebem.[9] Na realidade, parece claro que a nossa noção de indivíduo, de individualidade, não é partilhada pelos membros desses cultos. Não apenas a relação com as entidades, mas também a relação com o grupo determina essa diferença. Tanto assim que, dentro da própria umbanda, há uma teoria do desvio com base na identificação de anormalidades, de perturbações na rede de relações sociais, e não em pessoas específicas que, no máximo, estariam expressando em seu comportamento tais perturbações, como o demonstrou Simoni Lahud Guedes.[10] No caso, não existiriam comportamentos individuais anormais ou doentes, e sim relações sociais perturbadas e poluídas. A solução dessas dificuldades deve ser dada ao nível das relações, com intervenções e providências que alterem seu sentido ou qualidade. O exemplo clássico é a categoria da inveja. Fenômeno semelhante foi encontrado pelo antropólogo norte-americano Henry Selby, ao estudar recentemente uma aldeia zapotec, no México.[11] Não são as pessoas que estão erradas, perturbadas etc., e sim a rede de relações que contém, que abarca esses indivíduos biológicos específicos. Os grupos de que provêem esses exemplos, grupos supostamente arcaicos, manipulam teorias do desvio de base sociológica extremamente sofisticadas. Mais uma vez, as unidades significativas e básicas da vida social são redes ou grupos onde indivíduos biológicos desempenham papéis que não implicam um tipo de identidade construída sobre a nossa noção dominante de individualidade.

---

9. Ver Maggie, Yvonne, *Guerra de Orixá. Um estudo de ritual e conflito.* 2ª ed., Rio, Zahar, 1977.

10. Ver Guedes, Simoni Lahud, "Umbanda e loucura", *in* Velho, Gilberto, *Desvio e divergência. Uma crítica da patologia social.* 4ª ed., Rio, Zahar. 1981.

11. Ver Selby, Henry, *Zapotec deviance. The convergence of folk and modern sociology.* Austin, University of Texas Press, 1974

Por outro lado, encontrei grupos de jovens de camadas médias altas cariocas que desenvolviam formas de interação e sociabilidade, em certos casos associados a uso de tóxicos, nas quais ficava patente uma reformulação da noção de indivíduo mantida por membros de gerações anteriores, de mesma origem e posição social. Nesse caso, o fato mais significativo é uma ideologia de vida grupal, em que o individualismo perde a ênfase e se dilui, aparecendo o grupo como unidade básica. O próprio significado do uso de tóxicos, para essas pessoas, deve ser compreendido dentro de um sistema de valores no qual o indivíduo não é representado como o centro da visão de mundo.[12]

Há outros exemplos, dentro da própria sociedade brasileira, que se poderiam fornecer. Entretanto, os dois que acabamos de mencionar, pelo fato de serem bastante diferenciados, podem dar uma idéia da riqueza do problema. Note-se que, sem dúvida, esses grupos são fortemente influenciados pelo modelo de indivíduo dominante na cultura ocidental-moderno-contemporânea. Seria simplista e altamente impreciso afirmar que na umbanda, ou entre os jovens de camadas médias citados, não aparece a problemática da individualidade. Nem Dumont, ao analisar a cosmologia hindu, nega que possa aparecer, em determinados momentos e grupos específicos, uma ideologia próxima à que estou chamando de ocidental-moderno-contemporânea. A idéia básica é que existem modelos dominantes, e não modelos exclusivos. Ora, no caso brasileiro, ocorre justamente que o modelo dominante, sustentado pelas instituições oficiais e apoiado pelas agências legitimadas de conhecimento, é individualizante por excelência. O individualismo, produto ou acompanhante de uma ideologia liberal burguesa, é a expressão clara, característica, do modelo dominante.

Não queremos com isso, evidentemente, rejeitar uma visão de mundo humanista, mas sim relativizá-la, perceber seus limites sócio-culturais. Temos de tomar precauções para que nossa formação, tipo de socialização etc. interfiram o menos possível no trabalho

12. Ver Velho, Gilberto. *Nobres e anjos. Um estudo de tóxicos e hierarquia.* Tese de Doutoramento apresentada ao Departamento de Ciências Sociais da Universidade de São Paulo, 1975, especialmente capítulos IV e V.

propriamente científico de compreensão teórica dos fenômenos que pretendemos investigar ou tratar. Através disso, talvez seja possível compreender realmente a eficácia de tipos de terapia não-reconhecidos pela medicina oficial, apoiada em determinada concepção de individualidade. A eficácia simbólica de rituais de umbanda, candomblé, macumba, assim como de *shows* de *rock*, de certos tipos de festividades etc., está ligada a percepções diferentes da relação indivíduo biológico e sociedade. Quanto a isso, confesso causar-me estranheza a relativa ligeireza com que pessoas bem-intencionadas tentam manipular esses grupos e esses rituais. Embora constitua sem dúvida um significativo progresso o abandono de posições militantes de perseguição a pessoas que transgridem as regras do código dominante, há ainda o risco muito grande de se permanecer em posições paternalistas e elitistas. A eficácia terapêutica ou existencial desses modos de vida não pode ser creditada a traços particulares, técnicas específicas etc. Por outro lado, certas analogias, como a que se faz em relação à análise de grupo, podem ser extremamente enganosas e escorregadias. A base de sustentação dos grupos citados são complexos sistemas cosmológicos ou visões de mundo, nem sempre explicitados através de um discurso semelhante ao nosso, nos quais, basicamente, o indivíduo não desempenha o papel que costumamos considerar inconteste, real, verdadeiro etc., e que, de fato, corresponde a um modelo particular, ainda que dominante.

Até que ponto a abordagem psiquiátrica tradicional, ou das ciências do comportamento individual, pode dar conta desse tipo de problemática parece-me uma pergunta bastante perturbadora. Creio haver grande necessidade de uma atitude menos apressada e mais consistente, na tentativa não só de compreender visões de mundo diferentes da dominante, sancionada e reforçada por todo o aparelho institucional em que fomos socializados e nos movemos, mas também de perceber as mudanças que podem estar ocorrendo dentro dos próprios grupos que foram, originalmente, os produtores ou principais agentes e portadores do modelo hoje dominante. Nesse sentido, é extremamente importante diversificar e aprofundar os estudos existentes sobre juventude, adolescência etc., procurando controlar a tendência para rotular apressadamente certos comportamentos definidos como desviantes, estigmatizantes etc.

Concluindo, quero frisar que o problema da *noção* de indivíduo pode constituir-se em sério impasse no diálogo entre os nossos campos de conhecimento, se não ficar suficientemente claro acerca de que estamos falando. Do indivíduo biológico, membro da espécie humana? Da representação que faz determinada sociedade desse indivíduo biológico e que, de algum modo, é internalizada? Do modelo dominante de indivíduo existente em nossa cultura? Da valorização humanista do indivíduo?

Creio que, a partir dessas questões, talvez possamos abrir novos debates e discussões que permitam um progresso mais efetivo e consistente no diálogo entre a psiquiatria e a antropologia.

capítulo 7 | Cultura de Classe Média: Reflexões sobre a Noção de Projeto

I.

Um dos problemas tradicionais com o uso do conceito de cultura é a sua operacionalização e eficácia ao nível de situações e processos sociais específicos. Nesse sentido, o conceito já foi tachado de excessivamente "geral", "abstrato" – como se todo conceito não fosse abstrato – e pouco *eficiente*. Esse parece ser realmente o problema que deve ser encarado – o da eficiência. Ora, não pretendo ser advogado de defesa de um conceito que já teve dezenas de definições, mas no sentido seguido por Clifford Geertz, por exemplo (Geertz, 1978), estou convencido de que refere-se a uma problemática importante não coberta por outros conceitos em ciências sociais. A idéia de que existe uma *produção simbólica* e um *sistema de símbolos* que dão as indicações e contornos de grupos sociais e sociedades específicas parece-me que pode ser bastante reveladora e eficaz. Entender cultura como código, como sistema de comunicação, permite retomá-la enquanto conceito sociológico, propriamente dito. Não mais um repositório estático de hábitos e costumes, ou uma coleção de objetos e tradições, mas o próprio elemento através do qual a vida social se processa – a simbolização.

É óbvio que estamos lidando com um conceito que se refere a um fenômeno bastante *geral* na própria medida em que se parte da constatação de que toda a vida em sociedade baseia-se na possibilidade de simbolização e na existência de códigos culturais.

Há várias maneiras de situar o conceito de cultura mais próximo de problemas e domínios mais especificados. Assim é que Geertz fala em ethos quando pretende descrever os "aspectos morais (e estéticos) e valorativos de uma cultura determinada" e em *visão de mundo* quando quer se referir aos aspectos "cognitivos, existenciais" (Geertz. *op. cit.*).

II.

No meu caso, estou interessado em situar o conceito de cultura ao nível da experiência particular de setores das camadas médias brasileiras. O problema básico que acompanha toda a minha discussão é o das *fronteiras culturais* entre grupos de indivíduos que, segundo critérios socioeconômicos comumente usados em ciências sociais, pertenceriam à mesma categoria. Tanto quando realizei pesquisa com camada média baixa tipo *white collar* (Velho, 1973), como com camada média alta nos limites de uma burguesia (Velho, 1975), deparei com o fato de constantemente encontrar indivíduos ou famílias que, sob critérios socioeconômicos descritivos tipo renda, ocupação, educação etc., seriam incluídos na mesma categoria, mas que apresentavam fortes diferenças em termos de ethos e visão de mundo. Sem dúvida uma explicação ou um caminho é buscar na *trajetória*, e não apenas na *posição* do indivíduo, família ou grupo, a explicação ou base para seus comportamentos, preferências, aspirações. Nesse sentido, a diferença entre condição e posição de classe feita por Bourdieu é fundamental (Bourdieu, 1974). É importante, no entanto, não só estar atento para o sentido da trajetória, seu ritmo, direção e daí extrair conseqüências mas também procurar perceber a própria trajetória enquanto expressão de um *projeto*. Ou seja, a trajetória tem um poder explicativo mas deve ser dimensionada e relativizada com a tentativa de perceber o que possibilitou essa trajetória particular e não outra. É aí que parece que a noção de *projeto* pode ser útil.

No esforço de fugir de um voluntarismo psicologista, a ciência social constantemente cai num fatalismo sociologizante em que a explicação *post facto* se torna rotina. Assim é que os comportamentos, acontecimentos, eventos são considerados, muitas vezes, como resultados de determinação de forças sociais e históricas através das quais os indivíduos e grupos são levados a agir, em boa parte inconscientes das causas "reais" de suas ações. É a velha idéia de que os atores são joguetes de forças impessoais e poderosas, nada mais fazendo do que confirmar através de suas ações o sentido da história. É evidente que não se trata de negar a existência de processos sociais condicionando e afetando os indivíduos. Também não se pretende negar o caráter envolvente e até determinante da cultura de determinada época e sociedade. Cumpre, no entanto, recuperando o caráter dinâmico do conceito de cultura, percebê-la enquanto expressão e criação de indivíduos interagindo, escolhendo, optando, preferindo. Assim é que deparei, por exemplo, com indivíduos de baixa classe média que *preferiam* não ter casa própria mas morar como inquilinos em pequenos apartamentos em Copacabana. Encontrei, no entanto, às vezes nas mesmas famílias, outros indivíduos que faziam a escolha inversa – permanecer no subúrbio ou Zona Norte do Rio de Janeiro, longe das "facilidades" e dos "recursos" da Zona Sul, mas tendo a propriedade do imóvel onde residiam. Sem dúvida foi possível captar tendências dominantes dentro de universos particulares. A aspiração de morar na Zona Sul apareceu como forte preferência entre os *white collar* entrevistados, enquanto em uma pequena burguesia encontrou-se maior divisão de opiniões. Há uma série de explicações para isso, mas importa chamar atenção para a não-unanimidade, as diferenças de aspirações sempre encontradas. Em pesquisa posterior encontrei, entre os filhos de famílias de alta classe média carioca que denominei *aristocracia de estratos médios*, uma forte diferença quanto à valorização e ênfase no *sucesso individual*. Assim é que pessoas com aparentemente o mesmo *background* socioeconômico optavam por estilos de vida contrastantes. Enquanto uns se incorporavam vigorosamente ao mercado de trabalho, internalizando o "ethos da produtividade", outros procuravam ocupar um nicho aparentemente "marginal" onde um ethos hedonista se configurava dominante. Entre os mais jovens então aparecia com maior clareza ainda não só pouca preocupação com o chamado "sucesso individual" mas até uma noção de biografia muito tênue comparada com a dos mais velhos e de suas famílias. A vida de grupo "mais comunitária" com amigos e companheiros e uma forte valorização do presente e pouca preocupação com o futuro apareciam como os principais valores.

III.

O que a noção de projeto procura é dar conta da *margem relativa de escolha* que indivíduos e grupos têm em determinado momento histórico de uma sociedade. Por outro lado, procura ver a *escolha individual* não mais apenas como uma categoria residual da explicação sociológica mas sim como elemento decisivo para a compreensão de processos globais de transformação da sociedade. Visa também focalizar os aspectos dinâmicos da cultura, preocupando-se com a *produção cultural* enquanto expressão de atualização de *códigos* em permanente mudança. Ou seja, os símbolos e os códigos não são apenas *usados:* são também *transformados* e *reinventados*, com novas combinações e significados. Entendo projeto como Schutz o definiu – *conduta organizada para atingir fins específicos* (Schutz, 1971). O sujeito da ação pode ser um indivíduo, um grupo ou uma categoria social. Chama-se atenção para a importância da *dimensão consciente da ação* em que o sujeito se organiza para a realização de objetivos definidos. Portanto, seja o projeto de morar em Copacabana, viajar à Europa, de organizar um partido, de ficar rico, de fundar uma igreja etc., está-se lidando com um tipo de *ato consciente*, por mais que saibamos que este não surgiu do éter mas de possibilidades sócio-culturais determinadas. Estou longe de estar proclamando o primado do livre-arbítrio mas focalizo com insistência a *dimensão consciente* da vida social. Creio que valorizou-se tanto em termos psicanalíticos e antropológicos a importância do *inconsciente* que se perdeu de vista a *relativa margem de manobra e iniciativa* que grupos e indivíduos podem ter e que, afinal de contas, constitui a possibilidade de *mudança social.* A idéia de que em qualquer sociedade e cultura ou situação social existe um *campo de possibilidades* parece-me crucial para perceber a mudança. É a partir da delimitação desse campo que se podem perceber a gênese e viabilidade de projetos específicos. No caso das camadas médias urbanas cariocas que estudei apareceu sempre com dramaticidade o dilema de *mudar ou permanecer.* Embora, de certa forma, este seja um dilema permanente para qualquer categoria social, parece-me que no Brasil contemporâneo é no universo das camadas médias, mais expostas a (e veículos de) ideologias de modernização, que aparece com maior vigor. Por outro lado, para as camadas médias instáveis e sujeitas a pressões de todos os tipos o problema de sua *identidade enquanto categoria* está sempre presente, quer na ascensão social de alguns de seus segmentos, quer na ameaça de descenso e proletarização para muitos outros. Nos universos que pesquisei, os projetos de *permanecer* aparecem fortemente associados a um conjunto de símbolos ligado à família e, muitas vezes, à *religião católica.* Isso foi encontrado tanto nas camadas médias baixas como na aristocracia de estratos médios, embora os conteúdos de família e religião obviamente variem. Já *mudar* entre as camadas médias baixas aparecia sobretudo como um processo de *individualização* em que a biografia de uma pessoa é destacada de sua família e lugar de origem. É um projeto mais laicizante em que a religião aparece mas de forma secundária e nem sempre é o catolicismo mas o espiritismo, a umbanda etc. Entre os jovens da aristocracia de estratos médios *mudar* é sobretudo negar ou escapar de um projeto produtivista, na procura de criar laços mais comunitários em que o lúdico seja acentuado em detrimento do sucesso e da produtividade individuais. Esses laços não são com suas famílias mas sim construídos com grupos de amigos, ressaltando-se aí o aspecto individualizante da procura de liberdade de escolha, fugindo ao controle familiar. É evidente, portanto, que existem ambigüidades e que os projetos, especialmente em uma sociedade complexa heterogênea, não são absolutamente coerentes e monolíticos. Na prática social aparecem contradições e complicações que vão, por sua vez, atuar sobre os projetos originais, transformando-os. De qualquer forma, o sujeito do projeto pode conscientemente mudá-lo, renegociando a realidade, em confronto com outros sujeitos – indivíduos ou grupos. O conflito entre projetos pode levar a situações de *drama social,* na acepção de Victor Turner, com a manipulação de paradigmas e versões da realidade (Turner, 1975). Desse confronto novos paradigmas e versões podem surgir ou ser elaborados – mudança social e cultural, portanto. O projeto é uma forma de manipular e dar uma direção a conjuntos de símbolos existentes em uma cultura. Implica sempre algum tipo de seleção em função de experiências, necessidades e estratégias particulares. A possibilidade de construir e expressar projetos próprios é uma das maneiras de distinguir grupos sociais enquanto unidades com um mínimo de integração, pois o projeto é indispensável para a organização de indivíduos em torno de interesses comuns (Adams, 1970). Podem ser distinguidos em grau de elaboração, em termos de complexidade, em permanência e continuidade, em abrangência. Não basta, no entanto, uma tipologia de projetos, pois é fundamental procurar perceber as relações entre projetos particulares. Uns serão mais contaminadores do que outros, terão maior eficácia simbólica e poderão tornar-se dominantes em certas circunstâncias. Em uma sociedade de classes, sem dúvida, um dos principais problemas é ver até que ponto certos projetos particulares podem ser considerados como de uma classe social específica, de um setor de classe, ou se não têm nenhum vínculo específico com classe, podendo ser relacionados com um grupo definido por outras variáveis, podendo mesmo atravessar diferentes classes sociais. Cabe a nós pesquisar essas possibilidades em situações sócio-culturais determinadas.

REFERÊNCIAS BIBLIOGRÁFICAS

ADAMS, Richard N. 1970. *Crucifixion by power.* Austin University of Texas Press.

BOURDIEU, Pierre. 1974. *A economia das trocas simbólicas.* São Paulo. Perspectiva.

GEERTZ, Clifford. 1978. *A interpretação das culturas.* Rio, Zahar.

SCHUTZ, Alfred. 1971. *Collected papers – the problem of social reality.* Haia, Martinus Nijhoff.

TURNER, Victor. 1975. *Dramas. fields and metaphors.* Cornell University Press.

VELHO, Gilberto. 1978. *A utopia urbana: um estudo de antropologia social.* 3ª ed., Rio, Zahar.

_____. 1975. *Nobres e anjos: um escudo de tóxicos e hierarquia.* São Paulo. (Tese de Doutoramento apresentada à Faculdade de Filosofia, Letras e Ciências Humanas da USP.)

capítulo 8 | Visão de Mundo e Estilo de Vida em Camadas Médias Urbanas: Algumas Questões sobre o Estudo de Família

I.

Este capítulo tem o objetivo de levantar algumas questões de teoria antropológica relacionadas com o desenvolvimento de pesquisa que realizo sobre camadas médias urbanas no Brasil, comparando segmentos metropolitanos com segmentos de cidade do interior.

Procuro colocar a importância do conceito de cultura enquanto focalizador do significado e dimensão simbólica da vida social. Refuto as visões simplistas que opõem cultura e/ou ideologia à "realidade material", vendo-as como distorções ou entidades fantasmagóricas. Trata-se de ver o universo de representações como inseparável da prática social que não lhe preexiste nem é anterior em termos de uma cadeia linear de causalidade.

II.

No desenvolvimento das ciências sociais no Brasil criou-se em determinada conjuntura uma oposição entre os estudos ditos sociológicos e os ditos culturalistas. Os primeiros estariam basicamente preocupados com estrutura, classes e mudança sociais. Os segundos, quase sempre antropológicos, com traços culturais, tradições, costumes mais ou menos exóticos, muitas vezes se confundindo com folclore. De um modo geral a essas duas grandes vertentes estariam associadas posições políticas. Aquela preocupada com o *social* seria mais politizada e, em princípio, de esquerda, enquanto a culturalista seria ou alienada ou conservadora, desde que estaria basicamente voltada e até valorizaria os aspectos considerados mais imobilistas da sociedade. A única possibilidade de redenção dos culturalistas estaria vinculada às colocações que deveriam fazer a favor dos grupos oprimidos que eventualmente estivessem estudando, como negros e índios, declarando-se abertamente em favor da "transformação das estruturas tradicionais" que fatalmente viria a beneficiar todos os oprimidos. Com esse esquematismo dificultou-se muito a possibilidade de estabelecimento de um campo de comunicação mais amplo e um diálogo mais rico entre diferentes perspectivas e tradições dentro das ciências sociais no país. Essa divisão, que inicialmente separava, *grosso modo*, a sociologia da antropologia, estabeleceu posteriormente cisões dentro da própria antropologia com novos maniqueísmos e dogmatismos. Com a maior divulgação e conhecimento da antropologia social inglesa houve um processo de "sociologização" em que os conceitos de estrutura, organização e papéis passaram a ser mais usados, enquanto as preocupações ditas culturalistas iam perdendo terreno nos centros de pesquisa mais prestigiosos. A crescente importância do marxismo reforçava essa tendência, proporcionando combinações teóricas às vezes férteis, outras vezes nem tanto. Ao se estabelecer em vastos setores da comunidade de cientistas sociais a crença na absoluta primazia das relações de produção houve na antropologia um progressivo abandono de aspectos da vida social considerados secundários e residuais. Gerou-se uma espécie de consciência culpada que teve como conseqüência desvalorizar obras, sem dúvida polêmicas e discutíveis, mas ricas e estimulantes como a de Gilberto Freyre. Parte do resíduo foi classificado como "ideologia", fazendo uma grande injustiça não só a Marx como a todos os clássicos.

Não foi à toa, portanto, que cresceu entre os antropólogos uma preocupação com a economia, produzindo, inclusive, alguns trabalhos de grande peso, principalmente quando permaneciam certas preocupações tradicionais da antropologia, embora muitas vezes apresentadas em novas roupagens. A preocupação com o específico, o particular, com a maneira peculiar de ser ou de fazer seria sua principal qualidade quando vinculada a uma perspectiva comparativa, fugindo ao exotismo e ao pitoresco. Outros trabalhos já não foram tão interessantes na medida em que se limitavam a adaptar modelos evolucionistas a estudos de caso. Não é preciso insistir muito no ponto de que nesse movimento não só houve simplificações e distorções de um específico antropológico mas também dos próprios conceitos e instrumentos de um trabalho que se pretendiam inovadores. Estrutura social, modo de produção, ideologia, classe foram usados com grande imprecisão e fluidez, tornando difíceis maiores avanços teóricos. Devo dizer que não me excluo desse quadro e creio que alguns de meus trabalhos estão bastante contaminados. Com maior ou menor explicitação houve uma tendência para se cair num "infra-estruturalismo".

Acredito que a influência de Lévi-Strauss e de seus antecessores da Escola Sociológica Francesa, especialmente Marcel Mauss, lentamente passou a funcionar como um antídoto a essas tendências. O fato fundamental é a recuperação da noção de *cultura* que antes no Brasil era basicamente identificada com correntes norte-americanas neo-evolucionistas de pós-guerra com autores como Leslie White, ou com o bioculturalismo de Malinowski, com as noções de necessidades básicas e derivadas ou ainda com a teoria de traços, complexos e áreas culturais de Herskovitz. O conhecimento da Escola de Personalidade e Cultura, por sua vez, era feito muito mais através das obras de divulgação de Margaret Mead e, até certo ponto, de Ruth Benedict, do que de trabalhos mais complexos e refinados como os de Bateson. Este só vem sendo incorporado às bibliografias brasileiras num período mais recente e já ligado a certos temas e linhas abertos através dos franceses mencionados. Assim o estudo de representações passou a ser mais legitimado nos últimos 12, 13 anos, a partir, sobretudo, do conhecimento mais sistemático, por um número maior de profissionais, dos trabalhos de Lévi-Strauss sobre parentesco e mitologia. Mauss, Granet, Hertz e o próprio Durkheim, em certa medida, foram ou descobertos ou redescobertos e reinterpretados à luz de novas preocupações. Dentro da tradição da Escola Sociológica Francesa outro autor contemporâneo que passa a ter maior importância como referência para a antropologia no Brasil é Louis Dumont, cujo *Homo hierarchicus*, por exemplo, hoje já é trabalho bastante difundido. Antropólogos norte-americanos contemporâneos, como Clifford Geertz e Marshall D. Sahlins, também aparecem como importantes expoentes de uma teoria da cultura que se baseia nas noções de sistemas simbólicos e redes de significado, profundamente influenciados pelo pensamento de Lévi-Strauss e de outros autores a este referidos, como, de certa forma, é o caso de Leach. Ao mesmo tempo os "neoculturalistas" norte-americanos recuperam o que havia de melhor na obra de seus antecessores como Bateson. Victor Turner, por sua vez, preocupado primordialmente com rituais, dramas e simbolismo em geral, também tem exercido forte influência no desenvolvimento da antropologia brasileira. Tudo isso representa uma complexificação e enriquecimento da antropologia, superando, inclusive, o dualismo sociedade-cultura. Querer ignorar as correntes do pensamento internacional e as grandes inovações específicas ao campo antropológico é condenar-se a um paroquialismo medíocre, a um provincianismo melancólico.

III.

Há casos em que a pesquisa de sistemas de representações vem associar-se e confundir-se com estudos de ideologia mais ligados a uma tradição marxista. Sem desejar castrar a criatividade e inventividade, não é possível deixar de comentar que em alguns trabalhos a articulação dos dois conceitos não foi feita com muita felicidade. Podem ser empregados como sinônimos sem uma justificativa ou explicação. Podem ser usados indistintamente, ora um aqui ora outro ali.

Em Mauss as representações coletivas estão associadas a um sistema classificatório que organiza toda a existência social. Por exemplo, as representações religiosas articulam-se a sistemas classificatórios que apresentam categorias específicas como mana, orenda, alma, espírito. Para ele, há que, portanto, identificar as categorias nativas, entender como se articulam, vê-las operando enquanto sistema. É isso que torna possível compreender as representações, sua lógica e seus mecanismos. O trabalho do antropólogo é, portanto, conseguir detectar a partir das categorias nativas a lógica das representações sociais que podem estar referidas a classificações distintas das do investigador. Assim é que *economia, política* e *religião* são domínios reconhecidos na cultura ocidental moderna mas podem não fazer sentido não só para tribos distantes como também para certos segmentos da sociedade complexa contemporânea. Por exemplo, a distinção entre sagrado e profano pode ser irrelevante para grupos da sociedade brasileira como revelam pesquisas realizadas por Yvonne Maggie e Márcia Gonçalves na periferia do Rio de Janeiro.

Uma teoria da Cultura que pretenda ir às últimas conseqüências deverá fazer um esforço de relativização das premissas de nosso próprio trabalho de intelectuais, contextualizando-o como estamos prontos a fazer em se tratando de xamãs, líderes messiânicos ou qualquer outra categoria pesquisada por antropólogos.

A noção de ideologia está vinculada a uma noção de *história* e a uma concepção da *política*. A premissa é a noção de tempo linear, oposta à noção de tempo cíclico, mais característica de sociedades tradicionais. A *história* e a *revolução* podem ser examinadas como construções ou mesmo mitos da sociedade ocidental moderna onde o domínio da política ganhou uma relevância específica jamais vista, ocupando espaços antes próprios da religião e da moral (cf. Otávio Paz – *Conjunções e disjunções*). A idéia de linearidade dá total importância ao *futuro*, aonde se deve chegar por evolução ou por revolução, mas sempre com o pressuposto do Progresso da *Humanidade* – abstrata, genérica. As noções de indivíduo enquanto sujeito moral e projeto também se associam inevitavelmente a esse conjunto de idéias, constituindo peças fundamentais para a construção do ethos e do *eidos* dominantes em nossa cultura.

É difícil num movimento sem mediações e mudança de nível falar em ideologia. Esse conceito, embora não seja obviamente exclusivo ao marxismo, tem sido usado quase que sistematicamente a partir de uma ótica e tradição marxistas. Ou seja, está ancorado a uma análise clássica da sociedade formulada por Marx e Enpels, Lenin, discípulos e seguidores que têm certos pontos de partida e premissas bem marcados. Sabe-se que durante quase um século tem havido *n* revisões, debates, heresias, reformulações, mas na teoria sociológica marxista há pontos essenciais como a já citada cruciabilidade das relações de produção que mais ou menos diretamente, com ou sem mediações, estabelecem as condições, determinam os limites e indicam a direção de desenvolvimento das formações sociais específicas a da sociedade humana em geral. Há a crença no progresso na história que compartilha com outras correntes evolucionistas, vendo no conflito de classes o motor desse progresso e das transformações na sociedade. A ideologia nesse contexto é um fenômeno *de classe* e esta é definida em relação aos meios de produção. Coloca-se o problema da falsa consciência e da alienação com uma estrita definição do que seja realidade e verdade. É claro que não há nenhum impedimento de essência que não permita que se use ideologia no amplo sentido de representações, contanto que se façam as devidas ressalvas e se especifique quando a referência é ou não no sentido clássico marxista. Mas, ao se usar ideologia, geralmente a ênfase é nas diferenças entre as classes e grupos, ou mesmo em suas contradições e conflitos. Representações, embora não forçosamente, vinculam-se com a preocupação *holística*, referem-se a crenças e valores que cimentam, colam, juntam a sociedade. Podem ser distinguidas representações particulares a certos segmentos dentro de uma sociedade e podem-se mesmo procurar estabelecer suas relações com a ideologia de classe propriamente dita. Todavia, ao se trabalhar com o universo das representações de uma sociedade específica, tende-se a buscar os elementos e princípios que permitem a reprodução e continuidade da sociedade. O risco dessa perspectiva é uma tendência a enfatizar os aspectos não-antagônicos da vida social e a escamotear as diferenças. Tenho em várias oportunidades chamado atenção para isso tanto em trabalhos escritos como em comunicações e debates.[1] Mas não se pode negar que o *a priori* da diferença e da contradição também produz outro risco, ou seja, a incapacidade de perceber como se reproduz uma sociedade que tem, obviamente, descontinuidades e desníveis. O conceito de dominação, por mais refinado que possa ser, não dá conta da complexidade que é o processo de negociação da realidade entre grupos distintos

---

1. Ver, por exemplo. "Observando o familiar", *in A aventura sociológica*, organizado por Edson Nunes, Rio. Zahar, 1978. (Capítulo IX deste livro.)

baseado na existência de sistemas simbólicos e de representações que constituem um ethos particular a cada sociedade e que marcam sua especificidade cultural.

IV.

Ao investigar o universo de camadas médias urbanas no Brasil defrontamo-nos com todos esses problemas. O que as une e as diferencia entre si e em relação a outros segmentos da sociedade brasileira? Há muitos anos realizo pesquisas nessa área e sempre deparo com a questão das representações e da ideologia nos termos que venho utilizando neste trabalho. Como antropólogo preocupado com as "categorias nativas", tenho tentado seguir e captar as pistas e sugestões dadas pelo discurso e prática desses segmentos. Já no meu estudo de Copacabana entre 1968 e 1970 a importância da família para os *white collar* estudados saltava aos olhos. A referência poderia ser positiva ou negativa, mas era constante e vigorosa. Havia aqueles que se tinham deslocado para Copacabana a fim de ficar perto dos parentes e de melhorar a situação da família. Havia outros que se distinguiam de seus parentes pelo fato de estes não terem saído do subúrbio ou Zona Norte enquanto eles haviam vencido como indivíduos ao, digamos assim, "desembarcar em Copacabana". Nesse segundo caso, o indivíduo, só ou com sua família nuclear, havia-se destacado de um universo mais amplo de parentes para atingir uma situação de melhor *status* social. No primeiro caso, o movimento era inverso, pois ir para o bairro tinha como uma de suas principais motivações integrar-se ao universo de parentes. Tratava-se, portanto, de um movimento contínuo de ida e volta entre individualizar-se (ou em termos individuais propriamente ditos ou através da família nuclear) e integrar-se à categoria mais ampla de parentes, geralmente pais, irmãos, primos-irmãos e tios. (Ver capítulo II.)

Em pesquisa posterior com camadas médias altas voltei a encontrar *família* e *parentes* como tema constante e recorrente. A história de vida de grande parte dos indivíduos entrevistados aparecia como um movimento cíclico de afastamento e aproximação com sua família de origem. Em certos casos há um claro movimento de *renúncia* fortemente dramático em que o afastamento da família expressa uma individualização radical. O renunciante dificilmente esgota seu movimento em uma reação à família, havendo repercussão em outros domínios como trabalho, moral etc., mas, sem dúvida, é ao nível das relações familiares e dos parentes que a renúncia encontra sua forma de expressão paradigmática. A questão permanente é qual a maior ou menor viabilidade de um projeto individual efetivar-se em função das relações sociais que o contêm? Como resolver a permanente tensão entre aspirações individuais e o caráter englobador, incorporador da família? Por outro lado, como realizar um projeto sem o apoio e legitimação dos parentes e familiares? O fato é que a identidade social dos indivíduos pesquisados sempre tinha a origem familiar como referência fundamental. Há uma evidente margem de manipulação nessa construção de identidade. No segmento que classifiquei de "aristocracia de estratos médios", embora a patrilinearidade tendesse a aparecer como dominante, não eram poucos os casos em que, em função de seu maior *status* e prestígio social, o lado materno era mais assumido publicamente. Um avô materno senador ou governador poderia ser enfatizado em detrimento de um avô paterno de origem mais modesta. Essa característica poderia se manifestar inclusive no uso do nome da família da mãe em detrimento do nome paterno. Esses casos estavam longe de constituir maioria mas revelam que em contexto metropolitano, provavelmente em contraste com pequenas cidades, as relações de parentesco e familiares podem ser mais plásticas ou moldáveis para a realização de projetos individuais. Seriam as condições de vida metropolitanas que expressariam com maior clareza, no universo de camadas médias, a dimensão individualizante da cultura em oposição à dimensão mais holística, hierarquizante. Isso não implica uma diminuição da importância das relações de parentesco em geral mas sim uma individualização em relação à família extensa e uma crescente ênfase na família nuclear. Por outro lado, a manipulação em termos de estratégia de vida não significa que não permaneçam cruciais todas as crenças e referências em relação ao peso e determinação de limites a partir das origens familiares.

Fica claro nessas e em outras pesquisas como a de Ovídio de Abreu Filho que as representações sobre família e parentes, que se expressam, por exemplo, na importância das categorias raça, sangue etc.,[2] são fundamentais para a constituição de uma visão de mundo e de um ethos em que o indivíduo está dentro de limites dada, mesmo ou até principalmente quando pretende romper ou renunciar. Em uma sociedade como a brasileira, em que a hierarquia exerce papel crucial, com a forte crença de que cada coisa tem e deve estar em seu lugar,[3] o pertencimento a uma família específica é elemento fundamental no sistema de classificação dos universos investigados, até nos processos mais radicais de individualização.

Até onde as representações sobre família e parentes são mais ou menos generalizadas entre os diferentes segmentos da sociedade brasileira é questão a ser encaminhada através de pesquisas específicas. No caso em pauta estou preocupado em comparar, no momento, camadas médias metropolitanas com camadas médias de cidades do interior. Procuro levar em conta as diferentes trajetórias, as especificidades de contexto regional e outras particularidades. Mas, sem dúvida, estou atento ao nível das representações, ao que é recorrente em termos culturais mais amplos, o que é comum, compartilhado. Não pressuponho uma cultura de camadas médias, muito menos uma cultura brasileira, mas estou interessado em perceber como sistemas simbólicos operam em nossa sociedade, quais as redes de significado que permitem a comunicação entre os diferentes grupos e segmentos sociais. Por outro lado, voltando ao início deste trabalho, procuro evitar o abismo entre "realidade material" e "ideologia". Representações e prática são dimensões de vida social e não se pode pensar uma sem a outra, desde que se entenda cultura como expressão simbólica. Nesse sentido, vejo como uma das características definidoras do trabalho do antropólogo procurar "interpretar as interpretações", estejam em que nível estiverem.

---

2. Ver Ovídio de Abreu Filho. "O parentesco enquanto representação: um estudo de caso", datilografado. Museu Nacional, 1979.
3. Ver Roberto Da Matta. *Carnavais, malandros e heróis*. Rio, Zahar, 1979

capítulo 9 | Observando o Familiar*

I.

Uma das mais tradicionais premissas das ciências sociais é a necessidade de uma *distância* mínima que garanta ao investigador condições de *objetividade* em seu trabalho. Afirma-se ser preciso que o pesquisador veja com olhos *imparciais* a realidade, evitando *envolvimentos* que possam obscurecer ou deformar seus julgamentos e conclusões. Uma das possíveis decorrências deste raciocínio seria a valorização de métodos quantitativos que seriam "por natureza" mais neutros e científicos.

Sem dúvida essas premissas ou dogmas não são partilhados por toda a comunidade acadêmica. A noção de que existe um envolvimento inevitável com o objeto de estudo e de que isso não constitui um defeito ou imperfeição já foi clara e precisamente enunciada.[1] Não vou deter-me, especificamente, na discussão mais geral sobre *neutralidade* e *imparcialidade*. Creio ser mais proveitoso discutir algumas experiências pessoais que me levaram a refletir de forma mais sistemática sobre esses problemas.

---

* Agradeço os comentários e sugestões de Roberto Da Matta e Eduardo Viveiros de Castro, com quem tive oportunidade de discutir este trabalho. (Este capítulo foi anteriormente publicado em *A aventura sociológica*. Rio, Zahar, 1978, e é aqui reproduzido com autorização dos organizadores.)

1. Ver por exemplo o trabalho de Howard S. Becker, "De que lado estamos", *in Uma teoria da ação coletiva*. Rio, Zahar, 1977.

II.

A antropologia, embora sem exclusividade, tradicionalmente identificou-se com os métodos de pesquisa ditos qualitativos. A observação participante, a entrevista aberta, o contato direto, pessoal, com o universo investigado constituem sua marca registrada. Insiste-se na idéia de que para conhecer certas áreas ou dimensões de uma sociedade é necessário um contato, uma vivência durante um período de tempo razoavelmente longo, pois existem aspectos de uma cultura e de uma sociedade que não são explicitados, que não aparecem à superfície e que exigem um esforço maior, mais detalhado e aprofundado de observação e empatia. No entanto, a idéia de tentar *pôr-se no lugar do outro* e de captar vivências e experiências particulares exige um mergulho em profundidade difícil de ser precisado e delimitado em termos de tempo. Trata-se de problema complexo, pois envolve as questões de *distância social* e *distância psicológica.* Sobre isso Da Matta já situou com propriedade a trajetória antropológica de transformar o "exótico em familiar e o familiar em exótico".[2] Evidentemente, em algum nível, está-se falando em *distância.* É preciso, no entanto, refletir mais sobre o que se entende por isso. Sem dúvida existe uma *distância física* clara entre a sociedade inglesa da década de 1930 e uma tribo do Sudão. Há que haver um deslocamento no espaço que requer a utilização de um determinado *tempo,* maior em princípio do que ir de Londres a Oxford ou de Cartum ao Cairo. É possível que um ou outro indivíduo na tribo fale inglês, mas a grande maioria comunica-se exclusivamente através dos dialetos locais, o que evidentemente representa, em princípio, uma descontinuidade maior em termos de comunicação do que entre um *scholar* inglês e um operário seu conterrâneo, apesar de Bernard Shaw. Trata-se, no entanto, de um tipo de comunicação, a verbal, que não esgota todo o potencial simbólico humano. Pode-se imaginar que o inglês desenvolva um interesse e cultive uma empatia por chefes tribais, atribuindo a estes, real ou fantasiosamente, problemas semelhantes aos seus na área da manipulação do conhecimento e

---

2. Em "O ofício do etnólogo ou como ter 'anthropological blues'", *in Publicações do Programa de Pós-Graduação em Antropologia Social do Museu Nacional, 1974.*

no exercício de certas prerrogativas, podendo estabelecer pontos de contato e de aproximação, em determinados níveis, maiores do que os existentes entre o mesmo *scholar* e seus *fellow-country men* de origem proletária.

Simmel, ao analisar a nobreza européia, mostra o seu caráter cosmopolita e internacional, passando sobre as fronteiras dos Estados, enfatizando seus laços comuns de *grupo de status*, marcando vigorosamente a *distância em relação* aos conterrâneos camponeses, proletários ou mesmo burgueses.[3] Sem dúvida o patrimônio ou a cultura comum de uma nobreza européia são muito mais óbvios do que experiências particulares de chefes tribais africanos e de um *scholar* inglês que possam apresentar algumas semelhanças. Num caso está-se falando em uma *categoria social* e no outro em interação entre *indivíduos* que não chegamos a perceber ou definir como uma categoria. Mas já surge com nitidez a questão da relação entre distância social e psicológica. O fato de dois indivíduos pertencerem à mesma sociedade não significa que estejam mais próximos do que se fossem de sociedades diferentes, porém aproximados por preferência, gostos, idiossincrasias. Até que ponto pode-se, nesses casos, distinguir o *sócio-cultural* do *psicológico?* No mundo acadêmico ou intelectual em geral essa experiência é bem conhecida. Quantas vezes em encontros, seminários, conferências etc. de caráter internacional não nos encontramos interagindo à vontade, de maneira fácil e descontraída, com colegas vindos de sociedades e culturas as mais díspares? Lembro-me bem de uma vez, chegando a uma universidade americana na hora do almoço, ter tido oportunidade de sentar à mesma mesa com colegas norte-americanos, um francês, um argentino e um holandês. Quase todos estávamos nos conhecendo. No entanto, a conversação correu fácil, não só quanto ao *tom*, mas também com pequenas ironias e piadas implícitas, meias-palavras, referências etc. Tínhamos lido Alexandre Dumas e Walter Scott na adolescência e gostávamos de Beethoven e Rosselini. Comentou-se o filme do autor italiano, que seria exibido na universidade durante a semana e discutiu-se a Sétima Sinfonia, programada para aquela

3. Em "The nobility", *in On individuality and social forms.* Chicago, The University of Chicago Press, 1971.

noite. Esnobismo intelectual? Cultura ornamental cultivada pela intelectualidade acadêmica? É possível, mas constituem-se em temas de conversa assim como discutir um jogo de futebol ou a última atuação de Rivelino ou Paulo César com o chofer de táxi ou com o porteiro do edifício. Que tipo de conversa é mais real, verdadeira? O fato é que se está discutindo o problema de experiências mais ou menos comuns, partilháveis, que permitem um nível de interação específico. Falar-se a mesma língua não só não exclui que existam grandes diferenças no vocabulário mas que significados e interpretações diferentes podem ser dados a palavras, categorias ou expressões aparentemente idênticas. Voltamos a Bernard Shaw e a *Pigmalião*. Por outro lado, toda a tradição marxista valoriza a experiência comum de classe e acentua, em certas interpretações, o caráter extra e supranacional da luta política, desenfatiza os laços comuns, patrimônio cultural de que poderiam participar classes sociais distintas, para enfatizar, por exemplo, a experiência básica comum de exploração a que estaria submetido o proletariado. Expressões ou termos como *burguesia internacional*, *unidade internacional proletária* tendem a sublinhar a importância de experiências e interesses sociológicos e históricos comuns em detrimento das noções de identidade e cultura nacional. A unidade, no caso, não seria dada pela língua, por tradições nacionais de caráter mais geral, mas por experiências e vivências de *classe*, definidas em termos sociológicos, econômicos e históricos, que originam inclusive a noção de *cultura de classe* que pode ultrapassar as fronteiras dos Estados Nacionais. Sem dúvida a noção de Estado Nacional e a valorização de um patrimônio comum dentro de suas fronteiras em oposição a patrimônios de outros Estados estão ligadas a uma conjuntura sócio-histórica precisa. Normalmente o aparecimento do Estado Moderno é associado ao desenvolvimento da burguesia, ao fortalecimento do nacionalismo. Enquanto movimento intelectual, surge o Romantismo, preocupado em pesquisar (ou até criar) raízes, fundamentos, essenciais de um povo, nacionalidade. É conhecida a manipulação de ideologias nacionalistas, de oposição simbólica e material ao que vem de fora, como estranho, intruso, fora de contexto, alienado. Pode parecer estranho que um antropólogo esteja chamando atenção para o "artificialismo" de certas separações e limites entre sociedades e culturas. Mas creio que, contemporaneamente, cabe justamente aos antropólogos relativizar essas noções, não negando-as ou invalidando-as ideologicamente, mas apontando a sua dimensão de algo *fabricado*, *produzido* cultural e historicamente. Não se trata de ser nacionalista ou internacionalista, mas sim de chamar atenção para a complexidade da categoria *distância* e disso extrair conseqüências para o nosso trabalho científico.

Assim, volto ao problema de Da Matta, para sugerir certas complicações. O que sempre *vemos* e *encontramos* pode ser familiar mas não é necessariamente *conhecido* e o que não *vemos* e *encontramos* pode ser exótico mas, até certo ponto, *conhecido*. No entanto, estamos sempre pressupondo familiaridades e exotismos como fontes de conhecimento ou desconhecimento, respectivamente.

Da janela de meu apartamento vejo na rua um grupo de nordestinos, trabalhadores de construção civil, enquanto alguns metros adiante conversam alguns surfistas. Na padaria há uma fila de empregadas domésticas, três senhoras de classe média conversam na porta do prédio em frente; dois militares atravessam a rua. Não há dúvida de que todos esses indivíduos e grupos fazem parte da paisagem, do cenário da rua, de modo geral estou habituado com sua presença, há uma familiaridade. Mas, por outro lado, o meu conhecimento a respeito de suas vidas, hábitos, crenças, valores é altamente diferenciado. Não só o meu grau de familiaridade, nos termos de Da Matta, está longe de ser homogêneo, como o de conhecimento é muito desigual. No entanto, todos não só fazem parte de minha sociedade, mas são meus contemporâneos e vizinhos. Encontramo-nos na rua, falo com alguns, cumprimento outros, há os que só reconheço e, evidentemente, há desconhecidos também. Trata-se de situação diferente de uma sociedade de pequena escala, com divisão social do trabalho menos complexa, com maior concentração ou menor número de papéis etc. Já discuti, em outra ocasião, o problema do anonimato relativo na grande metrópole, chamando atenção para a existência de áreas e domínios até certo ponto autônomos que permitem um jogo de papéis e de construção de identidade bastante rico e complexo.[4] O fato é que dentro da grande metrópole,

4. Com L.A. Machado da Silva, "A organização social do meio urbano", inédito.

seja Nova York, Paris ou Rio de Janeiro, há descontinuidades vigorosas entre o "mundo" do pesquisador e outros mundos, fazendo com que ele, mesmo sendo nova-iorquino, parisiense ou carioca, possa ter experiência de estranheza, não-reconhecimento ou até choque cultural comparáveis à de viagens a sociedades e regiões "exóticas". Na opinião de Da Matta[5] isso não acontece com a maioria das pessoas dentro da sociedade complexa na medida em que a realidade e as categorias sociais à sua volta estão hierarquizadas. A hierarquia organizada, mapeia e, portanto, cada categoria social tem o seu lugar através de estereótipos como, por exemplo; o trabalhador nordestino, "paraíba", é ignorante, infantil, subnutrido; o surfista é maconheiro, alienado etc. Eu acrescentaria que a dimensão do poder e da dominação é fundamental para a construção dessa hierarquia e desse mapa. A etiqueta, a maneira de dirigir-se às pessoas, as expectativas de respostas, a noção de adequação etc. relacionam-se à distribuição social de poder que é essencialmente desigual em uma sociedade de classes. Assim, em princípio, dispomos de um mapa que nos *familiariza* com os cenários e situações sociais de nosso cotidiano, dando nome, lugar e posição aos indivíduos. Isso, no entanto, não significa que conhecemos o ponto de vista e a visão de mundo dos diferentes atores em uma situação social nem as regras que estão por detrás dessas interações, dando continuidade ao sistema. Logo, sendo o pesquisador membro da sociedade, coloca-se, inevitavelmente, a questão de seu lugar e de suas possibilidades de relativizá-lo ou transcendê-lo e poder "pôr-se no lugar do outro". É preciso chamar atenção para o fato de que mesmo nas sociedades mais hierarquizadas há momentos, situações ou papéis sociais que permitem a crítica, a relativização ou até o rompimento com a hierarquia.[6] Na sociedade complexa contemporânea existem tendências, áreas e domínios onde se evidencia a procura de contestar e redefinir hierarquias e a distribuição de poder. Ao contrário de sociedades tradicionais mais estáveis ou integradas, está longe de haver um consenso

---

5. Comunicação pessoal.
6. Ver o trabalho clássico de Louis Dumont, *Homo hierarchicus*. Paris, Gallimard, 1966, onde o autor mostra que mesmo na Índia, modelo de sociedade hierárquica. há margem para a saída ou estranhamento da hierarquia.

em torno dos lugares e posições ocupados e de seu valor relativo. Existe o dissenso em vários níveis, a possibilidade do conflito é permanente e a realidade está sempre sendo negociada entre atores que apresentam interesses divergentes. Embora existam os mecanismos de acomodação ou de apaziguamento, sua eficácia é muito variável e, até certo ponto, imprevisível. Há diferentes tipos de desvio e contestação que põem em xeque a escala de valores dominante. A ciência social surge e se desenvolve nessa conjuntura, tendo toda uma dimensão iconoclasta voltada para o exame crítico e dessacralizador da sociedade. Os cientistas sociais, antropólogos, sociólogos, cientistas políticos etc. estão constantemente entrando em áreas antes invioláveis, levantando dúvidas, revendo premissas, questionando. É claro que isso varia em função de *n* possibilidades – origem social, tipo de formação, orientação teórica, posição ideológica, entre outras. Mas, mesmo em se tratando de indivíduos e correntes mais ligados ou identificados com tendências conservadoras, ou até reacionárias, o próprio trabalho de investigação e reflexão sobre a sociedade e a cultura possibilita uma dimensão nova da investigação científica, de conseqüências radicais – o questionamento e exame sistemático de seu próprio ambiente. As analogias com a psicanálise, embora um tanto perigosas, são óbvias. Trata-se, afinal de contas, de uma tentativa de identificar mecanismos conscientes e inconscientes que sustentam – e dão continuidade a – determinadas relações e situações. Assim, volta-se a um ponto crítico. Não só o grau de familiaridade varia, não é igual a conhecimento, mas pode constituir-se em impedimento se não for relativizado e objeto de reflexão sistemática. Posso estar acostumado, como já disse, com uma certa paisagem social onde a disposição dos atores me é familiar; a hierarquia e a distribuição de poder permitem-me fixar, *grosso modo*, os indivíduos em categorias mais amplas. No entanto, isso não significa que eu compreenda a lógica de suas relações. O meu conhecimento pode estar seriamente comprometido pela rotina, hábitos, estereótipos. Logo, posso ter um mapa mas não compreendo necessariamente os princípios e mecanismos que o organizam. O processo de descoberta e análise do que é familiar pode, sem dúvida, envolver dificuldades diferentes do que em relação ao que é exótico. Em princípio dispomos de mapas mais complexos e cristalizados para nossa vida cotidiana do que em relação a grupos ou sociedades distantes ou afastados. Isso não significa que, mesmo ao nos defrontarmos, como indivíduos e pesquisadores, com grupos e situações aparentemente mais exóticos ou distantes, não estejamos sempre classificando e rotulando de acordo com princípios básicos através dos quais fomos e somos socializados. É provável que exista maior número de dúvidas e hesitações como as de um turista em um país desconhecido, mas os mecanismos classificadores estão sempre operando. Dentro ou fora de nossa sociedade, nós, pesquisadores ocidentais, estamos sempre, por exemplo, trabalhando e nos referindo à categoria *indivíduo* como unidade básica de mapeamento. No entanto, através da obra de Louis Dumont, sabemos que existem sociedades em que essa categoria não é dominante.[7] Mesmo dentro da sociedade brasileira há grupos e áreas que apresentam fortes diferenças e descontinuidades em relação à noção dominante de indivíduo.[8]

Levando mais longe o exame das categorias *familiar* e *exótico*, sem querer entrar em discussões de natureza filosófica, não há como deixar de mencionar os impasses sugeridos pelo existencialismo em relação ao conhecimento do outro. Não vejo isso como um impedimento ao trabalho científico mas como uma lembrança de humildade e controle de onipotência tão comum em nosso meio. O conhecimento de situações ou indivíduos é construído a partir de um sistema de interações cultural e historicamente definido. Embora aceite a idéia de que os repertórios humanos são limitados, suas combinações são suficientemente variadas para criar surpresas e abrir abismos, por mais familiares que indivíduos e situações possam parecer. Nesse sentido, um certo ceticismo pode ser saudável. Parece-me que Clifford Geertz ao enfatizar a natureza de *interpretação* do trabalho antropológico chama atenção de que o processo de conhecimento da vida social sempre implica um grau de subjetividade e que, portanto, tem um caráter aproximativo e não definitivo.[9]

---

7. *Op. cit.*

8. Refiro-me a esta questão em "Relações entre a antropologia e a psiquiatria", *in Revista da Associação de Psiquiatria e Psicologia da Infância e da Adolescência*. Rio. V. 2. 1976, nº 1. (Capítulo VI deste livro.)

9. Geertz. Clifford. *The interpretation of cultures*. Nova York. Basic Books. 1973. (Ed. bras.: *A interpretação das culturas*. Rio, Zahar. 1978.)

O que significa a velha estorinha de que antropólogos sofisticados escolhem sociedades sofisticadas para estudar, os mais ansiados trabalham com culturas onde a ansiedade é dominante?

Isso mostra não a feliz coincidência ou a mágica do encontro entre pesquisador e objeto com que tenha afinidade, mas sim o caráter de interpretação e a dimensão de subjetividade envolvidos nesse tipo de trabalho. A "realidade" (familiar ou exótica) sempre é filtrada por determinado ponto de vista do observador, ela é percebida de maneira diferenciada. Mais uma vez não estou proclamando a falência do rigor científico no estudo da sociedade, mas a necessidade de percebê-lo enquanto objetividade relativa, mais ou menos ideológica e sempre interpretativa.

Esse movimento de relativizar as noções de distância e objetividade, se de um lado nos torna mais modestos quanto à construção do nosso conhecimento em geral, por outro lado permite-nos observar o familiar e estudá-lo sem paranóias sobre a impossibilidade de resultados imparciais, neutros.

III.

Tive oportunidade de pesquisar um universo de pequena classe média *white collar* que me era familiar através do mapa hierárquico e político de minha sociedade e de meu bairro.[10] Através de estereótipos localizava os moradores de grandes prédios de conjugados. Ao passar por um desses edifícios "sabia" que era um "balança", que havia desconforto, falta de higiene e que seus moradores eram de condição social inferior, sujeitavam-se a condições de vida mais ou menos degradantes por estarem alienados, sugestionáveis. Certamente tinha dúvidas, questionava alguns desses estereótipos. Já conhecera pessoas que moravam em "balanças" e que não se *ajustavam* a essas pré-noções. De qualquer forma, se um desses prédios, particularmente, tornou-se mais familiar ainda, quando para lá me mudei, o meu conhecimento de sua população era precário. O

10. Ver Velho. Gilberto. *A utopia urbana: um estudo de antropologia social.* 3ª ed., Rio. Zahar. 1978.

esforço de entender e registrar o discurso do universo, seu sistema de classificação e de captar sua visão de mundo nem sempre foi bem-sucedido. Percebia como a minha inserção no sistema hierárquico da sociedade brasileira levava-me constantemente a julgamentos apressados e preconceituosos, às vezes até por querer drasticamente repelir as noções anteriores, caindo em armadilhas inversas. Depois de ano e meio de residência no prédio, creio que consegui perceber alguns mecanismos que sustentavam a lógica das relações sociais internas e externas e também captar algo do estilo de vida e visão do mundo locais. Estou consciente de que se trata, no entanto, de uma *interpretação* e que, por mais que tenha procurado reunir dados "verdadeiros" e "objetivos" sobre a vida daquele universo, a minha subjetividade está presente em todo o trabalho. Isso está claro para mim na medida em que volto constantemente a reexaminar a pesquisa e mesmo a revisar o local da investigação. Por outro lado, sendo um grupo que *vive* na minha cidade, conheço outras pessoas, inclusive cientistas sociais que o encontram, que também têm alguma familiaridade ou até fizeram pesquisas em contextos semelhantes. Dessa forma a minha interpretação está sendo constantemente testada, revista e confrontada. O mesmo não se dá com muitos estudos de sociedades exóticas e distantes, pesquisadas por apenas um investigador, em que não houve oportunidade de maiores discussões ou polêmicas. Assim, a interpretação de um investigador fica sendo a versão existente sobre determinada cultura, não sendo exposta a certos questionamentos. Ao contrário, na sociedade brasileira há muitas opiniões e interpretações sobre Copacabana, carnaval, futebol etc., colocando os pesquisadores no centro de acirradas polêmicas.

Embora familiaridade não seja igual a conhecimento científico, é fora de dúvida que representa também um certo tipo de apreensão da realidade, fazendo com que as opiniões, vivências, percepções de pessoas sem formação acadêmica ou sem pretensões científicas possam dar valiosas contribuições para o conhecimento da vida social, de uma época, de um grupo. Além disso, há indivíduos ou grupos que talvez por um movimento de estranhamento, como certos artistas, captam e descrevem significativamente aspectos de uma sociedade de maneira mais rica e reveladora do que trabalhos mais orientados (real ou pretensamente) de acordo com os padrões científicos. Os exemplos na literatura são óbvios: Balzac, Proust, Thomas Mann e, no Brasil, Machado de Assis, Graciliano Ramos, Oswald de Andrade etc. Também no teatro, cinema, música, artes plásticas poderiam ser citados exemplos. Isso sem falar em gêneros menos "nobres" como o jornalismo em suas várias manifestações, a história em quadrinhos e a literatura de cordel, entre outros.

Ou seja, numa sociedade complexa contemporânea como a brasileira, o antropólogo apresenta sua interpretação, que, por mais que possa ter certa respeitabilidade acadêmica, é mais uma versão que concorrerá com outras – artísticas, políticas, em termos de aceitação perante um público relativamente heterogêneo. Há outras pessoas, profissionais de ciências sociais ou não, observando e refletindo sobre o familiar – a nossa sociedade em seus múltiplos aspectos, com esquemas e preocupações diferentes. Se o interesse por grupos tribais, por exemplo, é relativamente restrito, o mesmo não se pode dizer sobre umbanda, escola de samba, uso de tóxicos, homossexualismo e outros temas que têm sido pesquisados por antropólogos.

Assim, ao estudar o que está próximo, a sua própria sociedade, o antropólogo expõe-se, com maior ou menor intensidade, a um confronto com outros especialistas, com leigos e até, em certos casos, com representantes dos universos de que foram investigadores, que podem discordar das interpretações do investigador. Vivi essa experiência em minha pesquisa sobre uso de tóxicos em camadas médias altas,[11] quando pelo menos duas pessoas que eu tinha entrevistado não concordaram com algumas das minhas conclusões, apresentando críticas que me levaram a rever pontos importantes. Embora isso possa acontecer no estudo de outras sociedades, é menos provável porque, normalmente, feita a pesquisa, o investigador volta para o seu país ou cidade e tem menos oportunidades de confrontar-se com as opiniões daqueles a quem estudou. Parece-me que, nesse nível, o estudo do *familiar* oferece vantagens em termos de possibilidades de rever e enriquecer os resultados das pesquisas. Acredito que seja possível transcender, em determinados momentos,

11. Ver *Nobres e anjos; um escudo de tóxicos* e *hierarquia*. São Paulo, 1975. (Tese de Doutoramento apresentada à Faculdade de Filosofia, Letras e Ciências. USP.)

as limitações de origem do antropólogo e chegar a ver o familiar não necessariamente como exótico mas como uma realidade bem mais complexa do que aquela representada pelos mapas e códigos básicos nacionais e de classe através dos quais fomos socializados. O processo de estranhar o *familiar* torna-se possível quando somos capazes de confrontar intelectualmente, e mesmo emocionalmente, diferentes versões e interpretações existentes a respeito de fatos, situações. O estudo de conflitos, disputas, acusações, momentos de descontinuidade em geral é particularmente útil, pois, ao se focalizarem situações de drama social, podem-se registrar os contornos de diferentes grupos, ideologias, interesses, subculturas etc., permitindo remapeamentos da sociedade. O estudo do rompimento e rejeição do cotidiano por parte de grupos ou indivíduos desviantes ajuda-nos a iluminar, como casos limites, a rotina e os mecanismos de conservação e dominação existentes.

Vale a pena insistir no caráter relativo da noção de familiar e exótico, especialmente na nossa sociedade. A comunicação de massa – jornal, revista, rádio, televisão, traz fatos, notícias de regiões e grupos espacialmente distantes mas que podem se tornar familiares pela freqüência e intensidade com que aparecem. Basta pensar, por exemplo, no *jet-set* internacional e nos artistas de Hollywood como grupos com que um gigantesco número de indivíduos desenvolve uma certa familiaridade, sabendo detalhes mais ou menos verdadeiros a respeito de suas vidas, famílias, roupas, preferências etc. Por outro lado, recebemos com maior ou menor freqüência notícias e imagens de lugares tradicionalmente definidos como exóticos – Índia, África etc. Há, sem dúvida, cenários e grupos dentro do próprio país ou até dentro da própria cidade de que muitas vezes nem ouvimos falar, que não são temas dos órgãos de comunicação de massa, às vezes por censura, muitas vezes por simples desconhecimento. Dessa forma, há indivíduos, situações, grupos de outras sociedades e culturas que nos são mais familiares do que muitas facetas e aspectos de nosso próprio meio, sociedade. Evidentemente coloca-se o problema de criticar essas noções e imagens mais ou menos estereotipadas que nos chegam através desses veículos e perceber como e quanto podemos conhecer sobre essas realidades espacialmente distantes.

De qualquer forma o *familiar*, com todas essas necessárias relativizações é cada vez mais objeto relevante de investigação para uma antropologia preocupada em perceber a mudança social não apenas ao nível das grandes transformações históricas mas como resultado acumulado e progressivo de decisões e interações cotidianas.

capítulo 10 | Cotidiano e Política num Prédio de Conjugados*

Em trabalho anterior[1] analisei as aspirações residenciais de um universo *white collar* contextualizado em grandes prédios de pequenos apartamentos em Copacabana. Ao fazer isso examinei, em termos mais amplos, a visão que essas pessoas tinham da sociedade abrangente, como se situavam dentro dela, como representavam suas possibilidades de ascensão social e que critérios hierarquizadores organizavam sua percepção da estratificação social.

Defini-os como pertencentes às camadas médias, tendo como ocupações principais: pequenos funcionários públicos, bancários, comerciários, alguns profissionais liberais assalariados etc. Em geral correspondiam ao que Mills chamou de *white collar*.[2]

O tom dominante nos discursos do universo era uma satisfação autobiográfica, centrada no fato de conseguir morar na Zona Sul do Rio de Janeiro, particularmente em Copacabana. Nesses termos viam possibilidades de ascensão social na medida em que "se desse duro", "não tivesse preguiça", "se esforçasse bastante".[3] Ficava realçado o sucesso de cada um ao estabelecerem comparações com o insucesso de parentes, antigos vizinhos etc. que não tinham conseguido atravessar a cidade, vindo da Zona Norte ou do subúrbio para Copacabana. As qualidades pessoais eram frisadas como condição

---

* Agradeço à Editora Paz e Terra por autorizar a inclusão deste texto, publicado anteriormente em *Classes médias e política no Brasil*, organizado por J.A. Guilhon de Albuquerque, 1977.

1. Velho, Gilberto, *A utopia urbana: um estudo de antropologia social*. 3ª ed., Rio, Zahar, 1978.

2. Mills, C. Wright. *A nova classe média*. 3ª ed., Rio, Zahar, 1979.

3. Ver Velho, Gilberto, *op. cit.*, especialmente capítulo 4.

de sucesso, havendo forte tônica individualista na grande maioria das entrevistas.

Embora não fosse o objetivo básico da pesquisa, surgiu, inevitavelmente, uma série de dados relativos a representações e comportamento político. Procurarei neste artigo resumir esse material e levantar algumas questões referentes ao tema.

O primeiro dado que me pareceu, desde o início, fundamental foi um forte desinteresse pelo que normalmente se entende por política. Os focos de interesse, em termos de consumo de comunicação de massa, eram basicamente o futebol, o noticiário policial e as colunas sociais. Quanto ao primeiro tema, tratava-se, preponderantemente, de assunto masculino. O terceiro era mais da esfera feminina, enquanto o segundo centralizava os interesses gerais. Esses casos se referiam sobretudo a jornais, revistas e rádios. No tocante à televisão, os programas preferidos, mais vistos eram as novelas e, na época, no auge, o programa do Chacrinha.[4] Em termos de revistas havia, por parte das mulheres, uma acentuada preferência por fotonovelas. Quanto ao acesso a notícias políticas, o principal veículo eram os noticiários de televisão. O jornal era mais procurado por causa dos temas anteriormente citados – futebol, crimes e colunas sociais.

Uma das características dos habitantes do prédio onde se realizou estudo de caso intensivo era a precária comunicação existente. As relações de vizinhança eram, de um modo geral, tensas e vividas num clima de desconfiança, até de hostilidade. Com algumas exceções, não existiam maiores relações de intimidade. A atitude dominante era particularista, com as pessoas preocupadas sempre em se distinguirem umas das outras, marcando fronteiras e clivagens. A grande maioria dos habitantes do prédio era de inquilinos. A organização do condomínio faz com que só tenham direito a participar das assembléias, que decidem a administração e problemas do prédio, os proprietários. Uma administradora era contratada pelo condomínio para cuidar do funcionamento do prédio; assim, o poder de decidir, implementar, fazer alterações no regulamento, estabelecer prioridades em termos de obras, melhorias etc. escapava à ação de cerca

4. Época da pesquisa: julho de 1968 a março de 1970.

de 75% dos habitantes. A assembléia elegia um síndico (proprietário residente) que, juntamente com a administradora, encarregava-se do funcionamento do Edifício Estrela. Portanto, a grande maioria das pessoas ali residentes, muitas há vários anos, não tinha representação.

É importante ressaltar que esses prédios de conjugados na Zona Sul do Rio em geral têm um cotidiano bastante tumultuado. Como assinalei em outro trabalho, a principal causa desse estado de coisas é o conflito entre vizinhos.[5] Os incidentes referem-se a barulho, brigas de crianças etc. A invasão da intimidade parece ser o ponto delicado da questão. O particularismo dominante faz com que, de um modo geral, as pessoas sejam muito ciosas dos limites. Sendo as paredes finas e os corredores estreitos, a manutenção de *privacy* é bastante problemática mas torna-se ponto de honra no relacionamento entre as pessoas. Sem dúvida existe alguma variação nos limites de tolerância, mas parece-me importante chamar atenção para o fato de que um maior número de anos de residência nessas condições não faz com que os moradores aumentem sua tolerância, mas, pelo contrário, o processo de socialização tende a fazer com que as pessoas tornem-se cada vez mais vigilantes no seu relacionamento com os vizinhos, adestrando-se nas técnicas de reclamar, protestar, "aprender a defender-se" como dizem. A combatividade tem, portanto, sentido horizontal e não vertical. Embora reclamem do síndico e da administradora, essas manifestações não são muito freqüentes se comparadas com os incidentes entre vizinhos e dificilmente extrapolam o caráter de um protesto individual. As questões referentes a aumento de condomínio, falta d'água ou desligamento de elevador eram as mais capazes de provocar alguma manifestação em que mais de uma pessoa protestasse junta. As notícias referentes a esses problemas eram passadas em termos de boatos, de *rumour*. "Ou seja, o boato, neste contexto onde praticamente não há decisões 'comunitárias', serve de defesa contra decisões 'externas' em relação às quais não há outros meios de controle. Nessas situações podem surgir 'lideranças' eventuais de moradores mais exaltados

5. Ver Velho, Gilberto, "Estigma e comportamento desviante em Copacabana, *in América Latina*, ano 14, nº 1/2, janeiro-junho de 1971, Rio de Janeiro.

mas que não apresentam maior continuidade. Mesmo as pessoas que na véspera estiveram juntas, discutiram, trocaram idéias etc., normalmente no dia seguinte ao se encontrarem no elevador trocarão cerimoniosos bons-dias como se nada houvesse acontecido. A intimidade continuará resguardada."[6]

Assim, mais importante do que a possibilidade de agirem coletivamente com uma certa continuidade, é a necessidade de preservar fronteiras, manter o particularismo, não serem confundidos. Na medida em que o prédio é considerado um local tumultuado, torna-se crucial para a identidade das pessoas manter distância em relação a seus vizinhos que podem ser considerados "gentinha", "mulheres da vida" etc. Por outro lado, em certas situações, pode ser considerada gratificante a idéia de que se está nas boas graças da administradora, "em dia com os pagamentos", "sem dever nada a ninguém". O medo da autoridade, qualquer que ela seja, é um sentimento dominante e que permeia o cotidiano desse universo. A pior ameaça que um vizinho pode fazer a outro é dizer que vai "chamar a radiopatrulha". Diga-se de passagem que essa ameaça se concretiza com alguma freqüência. Portanto, a presença de policiais no prédio era bastante comum. Os motivos de conflito não pareciam para o investigador, no início, suficientes para justificar a presença da polícia, mas aos poucos fui percebendo o significado que tal ato tinha para as pessoas do prédio. Era a forma que tinham, ou que representavam como tendo, de acesso a um tipo de poder. Chamar a polícia e esta vir era interpretado como um símbolo de prestígio, indício de reconhecimento por parte da autoridade. É evidente que muitas vezes, mesmo chamada, a radiopatrulha não vinha por diferentes motivos e essa dúvida permanente dava um certo interesse e graça a esse ritual de invocação de forças superiores. Alguns moradores do prédio apresentavam-se como amigos de policiais, fazendo questão de conversar ostensivamente com os ocupantes da radiopatrulha bem à vista de quem estivesse na portaria do edifício. Era mais uma forma de manipular prestígio. Como um dos porteiros era conhecido como amigo de policiais, era importante também estar nas boas graças dele para poder contar com seu apoio nos incidentes

6. Velho. Gilberto. A *utopia urbana*, p.46.

com os vizinhos. Sabe-se, nesse tipo de edifício, que ter um porteiro como inimigo ou mesmo pouco simpático pode infernizar a vida de uma pessoa. Pode deixar de avisar que vai faltar água, não ajudar a mulher a carregar embrulhos, implicar com as crianças etc. Já os serventes são espécies de *underdogs* que podem ser bastante espezinhados e alvo de ira e reclamações dos moradores. Enquanto o porteiro tinha uma certa estabilidade, os serventes viviam mudando. Era outra maneira de exercer poder, conseguir remover serventes com quem não se simpatizasse.

Quanto ao síndico, a atitude podia ser muito ambígua. Embora fosse regra geral falar mal, criticar o seu trabalho, isso dificilmente se traduzia em confrontos diretos. Havia quem desse telefonemas anônimos para o seu apartamento, dizendo palavrões, obscenidades, insultando-o e a sua família, podia-se xingá-lo escrevendo nas paredes dos corredores, mas tudo isso era praticado num clima de clandestinidade, mantendo-se o anonimato. Durante um certo período da pesquisa o subsíndico era um oficial do Exército. Neste caso não só havia muito maior cuidado com possíveis reclamações, mas havia mais respeito e temor do que em relação ao síndico, um modesto funcionário público civil. A autoridade do subsíndico, nessa época, era legitimada por instância maior, fonte de prestígio e poder. Não é coincidência que muitos síndicos de edifícios em Copacabana são militares. São considerados mais eficientes também porque têm condições de serem mais respeitados ou temidos pelos moradores. O medo da autoridade mais uma vez aparece como fundamental para compreender-se o cotidiano desses prédios. A administradora era uma entidade que pairava sobre a vida das pessoas. Muitas diziam abertamente que ela roubava, era desonesta etc. Era personificada, passando a ter vida própria. "Foi a administradora", "É ordem da administradora" etc. eram frases que justificavam mudanças, erros, desacertos etc. As pessoas iam à administradora pagar contas. Lá poderiam apresentar reclamações, atritar-se com funcionários etc., mas não tinham acesso à "direção", à qual eram atribuídas, por sua vez, as decisões. Uma reclamação a respeito de um erro na cobrança de uma conta poderia arrastar-se durante meses, num clima kafkiano. Vários indivíduos narravam suas experiências de meses, às vezes anos, de insistência para esclarecer um caso desses. As listas de moradores em débito com a administradora e o condomínio, afixadas regularmente junto aos elevadores do prédio, constituíam fonte permanente de tensão e ansiedade.

Para a grande maioria dos habitantes a ameaça de despejo era uma espada de Dâmocles pairando sobre suas cabeças. A grande meta era conseguir não atrasar mais de três meses o pagamento do aluguel para não dar base legal para a ação de despejo. Como o aluguel podia representar para muitas pessoas quase a metade de seu orçamento doméstico, a estratégia de moradia era das mais dramáticas. O medo de ter de voltar para o subúrbio ou Zona Norte fazia com que as pessoas despendessem os maiores esforços, cortassem dinheiro em roupa e alimento, se endividassem, para poder continuar morando no Estrela. A insegurança, portanto, era muito grande. Logicamente, a partir daí, existia uma grande divisão interna dentro do edifício entre proprietários e não-proprietários, estes em franca maioria como foi visto. Os proprietários além da maior segurança de moradia podiam participar das decisões tomadas na assembléia e tinham ostensivamente mais direitos dentro do prédio. Eram tratados com maior consideração por síndicos e empregados. Isso não tornava os inquilinos mais unidos. Havia quem procurasse fingir que era proprietário, sendo mais cedo ou mais tarde desmascarado. Havia quem procurasse fazer crer que, embora inquilino naquele prédio, tinha propriedades em outros locais. Isso poderia, em certos casos, ser verdade, mas em geral era encarado com incredulidade. Mais uma vez o esforço que se nota no universo é o de procurar sempre se distinguirem uns dos outros, sempre buscando manipular símbolos, sinais de diferenciação, fosse em termos de bens ou de moral, educação etc. A questão do prestígio estava permanentemente em foco. Em nenhum momento aparecia a possibilidade de os moradores em geral ou os inquilinos agirem como grupo, com objetivos e interesses comuns.

Houve um fato ocorrido durante o período da pesquisa que foi especialmente esclarecedor a respeito de como essas pessoas percebiam ou pensavam a política da sociedade abrangente. Num começo de noite os moradores foram surpreendidos por barulhos mais violentos do que os habituais vindos de um dos andares mais altos. Algumas pessoas chegaram à janela para cumprir o ritual da reclamação e logo voltaram a seus afazeres. Pouco depois, quando o pesquisador desceu, encontrou as entradas social e de serviço do prédio trancadas e vigiadas pela polícia. Uns 20 moradores se agrupavam na portaria, trocando notícias contraditórias. Falava-se em suicídio, assassinato, ninguém sabia dizer por que as portas estavam trancadas sem ninguém poder entrar ou sair do prédio. Finalmente um servente explicou o que se passava. A polícia havia descoberto no prédio um apartamento habitado por perigosos terroristas e que um destes tinha morrido na rápida luta que se tinha travado. Alguém perguntou qual era o apartamento, foram identificadas as pessoas que ali estavam morando e, rapidamente, o grupo se dissolveu. Ao todo, o prédio ficou bloqueado cerca de uma hora, com grande ajuntamento e aparato policial. A notícia, no dia seguinte, estava em todos os principais jornais, esclarecendo que tinha havido um "estouro" de um "aparelho" terrorista.

Já na manhã seguinte ninguém comentava o assunto no edifício. Uma ou outra pessoa que tentava iniciar um comentário sobre o que tinha se passado era imediatamente cortada e evitada. O próprio porteiro fez questão de esclarecer que o síndico tinha recomendado que não se falasse no caso. O pesquisador ainda ficou no prédio cerca de cinco meses depois desse episódio, não tendo jamais voltado a ouvir qualquer comentário ou esclarecimento sobre o ocorrido. Passou a ser um assunto tabu.

A falta de interesse e curiosidade das pessoas por notícias e fatos políticos estava associada a uma grande desconfiança e medo do assunto. O mundo da política é representado como algo distante e misterioso ao qual não têm acesso, não fazendo parte de suas vidas. Há uma consciência de que são tomadas decisões que as afetam, mas em relação às quais nada pode ser feito. Em geral aceitam as regras do jogo vigente, reservando seu descontentamento para os conflitos cotidianos com vizinhos, empregados do prédio etc. O que atrapalha o bom funcionamento das coisas são os comportamentos errados de indivíduos que podem ser "ladrões", "sem-vergonhas", "criadores de casos" etc. Conhecem políticos que admiram ou execram por suas características e qualidades individuais. "Fulano é corrupto", "beltrano é trabalhador", "sicrano é vagabundo" etc. De qualquer forma é um outro mundo, difícil de ser compreendido e manipulado. É algo que existe independentemente da vontade de pessoas como elas, dado e definitivo. A legitimação desse mundo é sua própria existência que não é contestada nem posta em dúvida.

O medo da autoridade manifesta-se em todos os níveis da vida dessas pessoas, desde questões mais amplas até problemas os mais aparentemente triviais do cotidiano. Paralelamente, desenvolve-se um forte espírito de competição e hostilidade potencial em relação às pessoas que estão próximas, com quem entram permanentemente em conflito. O que parece ser dominante é uma visão de mundo, subjacente a esses comportamentos, de que o prestígio é um bem escasso e que é algo que vem de cima para baixo. Estar em bons termos com a administradora, com o subsíndico militar, com o policial da rua etc. é um sinal de confirmação de que se dispõe de um lugar no mundo. Qualquer coisa que ameace essa situação é ruim, deve ser evitada ou destruída. As pessoas que estão próximas são competidoras, talvez inimigas em certos casos, e é importante não se deixar confundir e ficar afirmado da maneira mais clara o seu caráter de pessoa especial, melhor.

A ambigüidade da visão de mundo desse universo consiste em ao mesmo tempo sentir-se superior às pessoas que não chegaram à Zona Sul, particularmente a Copacabana, apresentando, no entanto, forte ansiedade em relação à precariedade de sua situação. Ou seja, a ameaça de voltar ("cair") para a Zona Norte provoca uma permanente sensação de insegurança que se traduz em um medo de ser apanhado em falta com claras características persecutórias. Nesse contexto a acusação contra os vizinhos, contra os outros moradores aparece como mecanismo de autopreservação. Essa problemática que está ligada à posição desse universo na estratificação social tende a se agravar em conjunturas em que não só sua instabilidade fique mais acentuada como a presença da autoridade com seus instrumentos coercitivos fique mais flagrante e explicitada.

capítulo 11 | Violência e Cidadania*

Estou preocupado em tentar definir ao nível do sistema cultural, do universo de representações da sociedade brasileira, a problemática da violência. Parto da noção de que existe uma *solidariedade* entre representações e práticas sociais mas não uma relação mecânica de causalidade ou determinação em uma ou outra direção.

Parece-me ser nossa tarefa procurar descrever as especificidades e particularidades, se é que elas realmente existem, do fenômeno da violência em nossa sociedade, distinguindo-o de outras situações em diferentes países e culturas.

Constata-se que na sociedade tradicional brasileira predominava um modelo hierarquizante em que as diferentes categorias sociais eram definidas pelo e em relação ao todo (ver Da Matta, 1979). Insisto no verbo *predominava* pois nunca houve homogeneidade absoluta. Por mais que se fale do arcaísmo português, o fato é que a colonização do Brasil já se dá em um período em que o Renascimento, a Reforma e seus diferentes correlatos já definem um sistema cultural em que o individualismo, enquanto ideologia inovadora em relação a uma Idade Média paradigmática, já se infiltrou nos sistemas mais holistas. O próprio processo de colonização constrói situações muito diversificadas. Assim é que em torno da *plantation* clássica desenvolveu-se uma sociedade, descrita por Gilberto Freyre, em que a hierarquia era o princípio ordenador. Sem dúvida existia uma solidariedade entre esse universo de representações e o modo

* Comunicação apresentada na mesa-redonda "Violência na Cidade", na 32ª Reunião Anual da SBPC, Rio de Janeiro, julho de 1980, publicada posteriormente pela revista *Dados*, 1980, v. 23, nº 3.

de produção apoiado no trabalho escravo. Foi, provavelmente, o que tivemos de mais próximo da sociedade de castas. Categorias sociais de valores desiguais onde em um pólo estão os senhores de engenho, mais tarde os usineiros, e no outro os escravos negros, depois os proletários rurais e urbanos. Mas em outras áreas do país a sociedade organiza-se de maneira diferente. As entradas e bandeiras, os ciclos do ouro e do gado e a contínua expansão das fronteiras internas abrem literal e metaforicamente um espaço para uma ideologia e uma escala de valores em que o *indivíduo* pode ser a unidade social significativa (sobre fronteira, ver Velho, 1976). Sem dúvida as relações com a *plantation* do litoral e a ação do Estado português ou brasileiro operam permanentemente como mecanismos limitadores dessa ideologia individualista. Há que lembrar contudo que não só as circunstâncias mas muitas vezes uma ação política consciente emanando do Estado podem estimular surtos individualistas. É o já mencionado exemplo das entradas e bandeiras. Mesmo sendo crítico em relação à idéia de "democracia das bandeiras" ou "das fronteiras", não há dúvida de que surgem mais possibilidades para a emergência do ator individual, seja como produtor, mais ou menos independente, ou mesmo como sujeito moral. O caso de Minas Gerais é interessante, pois os ciclos do ouro e dos diamantes criam uma sociedade com fortes particularidades (pensar num possível individualismo mineiro setecentista manifesto na literatura, música, artes plásticas etc.). A própria vida religiosa é diferente, pois a presença da Igreja enquanto instituição é mais rarefeita. Bastide observa que na Bahia e no Nordeste, ao lado das igrejas encontramos os mosteiros e conventos das ordens religiosas. Enquanto isso, nas Minas Gerais encontramos igrejas administradas por irmandades de leigos e onde a presença das ordens religiosas e mesmo o poder do padre estão bem mais diluídos (Bastide, 1969). Há mais espaço para associações voluntarísticas, para escolhas individuais. Portanto, entre o pólo dominante talvez da *plantation* originalmente nordestina e a fronteira mais remota, constituem-se diferentes combinações entre hierarquia e individualismo que fazem do Brasil uma sociedade difícil de ser classificada de acordo com os modelos culturalistas tradicionais. O capitalismo no Brasil desenvolve-se de forma bem distinta do anglo-saxão e já foram feitas interessantes comparações com o Japão, Rússia, Prússia etc. Por um lado, a estabilidade da hierarquia enquanto valor e, por outro, a ação do Estado enquanto ator central estabelecem limites nítidos para as ideologias individualistas como o liberalismo, por exemplo. Portanto, embora não seja exclusivo, o modelo hierarquizante atua de forma decisiva na sociedade brasileira. Somando-se a isso a onipresença do Estado, encontramos os limites do indivíduo enquanto sujeito moral e político. Essas são algumas das razões para a fragilidade da noção de cidadania no nosso país. Embora na lei tenhamos, de um modo geral, definidos direitos e liberdades extensivos a todos os membros da sociedade brasileira, na prática temos cidadãos de primeira, segunda e terceira classes e mesmo não-cidadãos, isto é, indivíduos sem voz, sem espaço e sem nenhum respaldo real nas instituições vigentes. Os exemplos são tantos que seria maçante enunciá-los. É importante chamar atenção de que não se trata de um problema que possa ser explicado apenas em função da pobreza, miséria, má distribuição de renda etc. Sem dúvida os membros das camadas de baixa renda vivenciam com mais constância e dramaticidade a ausência de direitos e garantias. Mas em termos de um sistema cultural, de um universo de representações, há que salientar que, a não ser nos exemplos mais óbvios e ostensivos de demonstração de poder, indivíduos de diferentes estratos estão sujeitos a serem violentados nos direitos definidos na letra da lei. É interessante enfatizar a existência de uma noção de *segurança pública* que é definida autoritária e arbitrariamente e de cuja elaboração efetivamente não participa a maioria esmagadora dos segmentos e indivíduos de nossa sociedade. A fragilidade dos poderes Legislativo e Judiciário e a exacerbação do poder dos chamados órgãos de segurança expressam a nível nacional as dificuldades cotidianas do indivíduo. Não só a posição de classe agrava esse quadro mas outras variáveis como a cor e o sexo são decisivas para caracterizar a desigualdade. O fato importante não é apenas o desencontro entre a prática e a lei mas as próprias crenças disseminadas de que a diferença e as desigualdades são fatos consumados. A famosa frase de um político do Norte de que "era um absurdo que o voto de sua lavadeira valesse tanto quanto o seu" expressa com perfeição essa visão de mundo.

Temos então uma sociedade que cresce com um desenvolvimento capitalista acompanhado de forte processo de urbanização e industrialização. Há grande circulação dentro do país através de migrações, deslocando populações entre áreas culturalmente muito distintas. A ambigüidade hierarquia-individualismo marca a trajetória dos grupos e indivíduos. Sem dúvida a ordem holista tradicional apoiava-se substantivamente na religião e no parentesco. Estes são domínios que sofrem drásticas alterações nesse complexo processo de mudança. O crescimento das religiões mediúnicas e de possessão, as transformações nas relações do parentesco, particularmente entre família nuclear e família extensa, já foram objeto de várias pesquisas e trabalhos. A questão mais ampla é o que muda realmente e o que são transformações mais aparentes. Não há dúvida de que a religião, de uma forma ou de outra, é fundamental para a maioria esmagadora dos brasileiros. A família, embora tenha mudado em certos níveis, é fator fundamental para a constituição da identidade e da estratégia de vida da maior parte dos setores de nossa sociedade (ver, por exemplo, Abreu Filho, 1980). Mas, se família e religião continuam sendo fundamentais, há que constatar que em ambos os domínios abriu-se um espaço maior para a opção individual. A adesão e conversão a religiões mediúnicas, num certo sentido, podem ser vistas como altamente individualizantes. Por outro lado, o fenômeno da possessão é, pelo menos, ambíguo em termos de individualização. A maior autonomia do indivíduo, em relação à sua rede de parentesco, e a sua mobilidade não são fenômenos que possam ser ignorados. Evidentemente, há casos e situações mais extremados em que a autonomização em relação à família e à religião pode ser bem mais drástica. No entanto, há que se salientar a dificuldade de inserção desses indivíduos mais ou menos autonomizados na sociedade moderna, tendo como situação paradigmática a colocação do migrante no meio urbano. Obviamente a situação do mercado de trabalho é essencial. Mas há mais. Já foi mencionado que no modelo cultural dominante em nossa sociedade pouco espaço se concedia a associações voluntarísticas. Isso persiste em grande parte devido à escala de valores citada anteriormente que não legitima as reivindicações de cidadãos de segunda ou terceira classe. Os mecanismos coercitivos e de controle do aparelho estatal funcionaram permanentemente com entraves à organização efetiva de associações nos mais diferentes níveis. Tanto sindicatos como partidos, associações de bairro, movimento reivindicatórios em geral são objeto de desconfiança e discriminação. O exercício da cidadania é constantemente identificado com subversão. Este, no meu entender, de uma forma muito resumida é o ponto fundamental para discutir o problema da violência. A ambigüidade hierarquia-individualismo e o autoritarismo do Estado combinam-se para impedir o florescimento da noção de cidadão. Na prática internalizamos valores hierarquizantes mesmo enquanto membros de setores ditos mais progressistas e liberais. Na prática ainda remetemos ao Estado o controle de nossas vidas e aceitamos sua tutela e eventuais arbitrariedades. A dificuldade consiste na inexistência de uma ordem moral realmente compartilhada pela sociedade nos seus diferentes segmentos. Nesse sentido, a violência não pode ser reificada e vista como uma praga pairando sobre a sociedade. A violência existe ao nível das relações sociais e é parte constituinte da própria natureza desta sociedade cujo universo de representações não só expressa como produz a desigualdade e a diferença. A exploração econômica desenvolve-se, portanto, dentro do capitalismo brasileiro associada a uma visão hierarquizante da sociedade que não se limita a legitimar mas, na realidade, criou e predeterminou as diferenças que são a condição da própria exploração. Mas isso nem chega a ser funcional porque são pedaços de sistemas diferentes que não se completam, mesmo nos termos das camadas dirigentes.

Nesse sentido, não existe propriamente violência urbana. A cidade, em particular a grande metrópole, é o *locus* onde se manifesta com mais dramaticidade e intensidade essa problemática que se refere à sociedade como um todo. Não há uma ordem moral dominante, apoiada em explicações cósmicas e religiosas, que justifique a desigualdade, como no modelo tradicional clássico descrito por Dumont. Por outro lado, não chegamos a constituir uma ética social apoiada em uma negociação da realidade travada por indivíduos-cidadãos que possam organizar-se e expressar-se politicamente. Existem os dois modelos mas nenhum se realiza plenamente e a violência expressa a tensão e inconsistência de sua convivência. Sabemos que toda sociedade moderna, devido à heterogeneidade e à complexidade de sua natureza, apresenta não só modelos e paradigmas diferentes mas até contraditórios. Também não estou pretendendo caracterizar como patológica a situação da sociedade brasileira contemporânea. Mas a rejeição do conceito de patologia nesse nível não nos deve impedir de constatar que, a par de nossa dificuldade em classificar a nossa sociedade e cultura, atravessamos um período em que certos problemas de convivência saltam aos olhos. O autoritarismo se manifesta através do exercício de um poder não-legitimado em termos morais, religiosos e políticos. Esse é o nosso grande impasse e a violência é sua expressão mais flagrante.

REFERÊNCIAS BIBLIOGRÁFICAS

ABREU FILHO. Ovídio de. 1980. "Raça, sangue e luta. Identidade e parentesco em uma cidade do interior". Rio de Janeiro, dissertação de mestrado apresentada ao PPGAS, Museu Nacional.

BASTIDE, Roger. 1969. *Brasil, terra de contraste.* São Paulo, Difusão Européia do Livro.

DA MATTA, Roberto A. 1979. *Carnavais, malandros e heróis.* Rio, Zahar.

DUMONT, Louis. 1970. *Homo hierarchicus.* Chicago, The University of Chicago Press.

VELHO, Otávio Guilherme. 1976. *Capitalismo autoritário e campesinato.* São Paulo, Difel.